LEAVING CERTIFI

LESS STRESS MORE SUCCESS

Irish Revision

Higher Level

Triona Geraghty

GILL EDUCATION

Gill Education
Ascaill Hume
An Pháirc Thiar
Baile Átha Cliath 12
www.gilleducation.ie

Is inphrionta é Gill Education de chuid M.H. Gill & Co.

ISBN: 978-0-7171-86471

Clóchuradóireacht bhunaidh arna déanamh in Éirinn ag Liz White Designs
Clóchuradóireacht le Carole Lynch

Gabhann na húdair agus an foilsitheoir buíochas leis na daoine a leanas a thug cead ábhar clóite dá gcuid a úsáid:

© Alamy: 18, 69, 71, 73, 74, 85, 87, 94, 137, 142; © Education Photos: 58, 68; © iStock/Getty Premium: 13, 72, 75, 80, 89, 101, 110, 157; © Photolibrary: 41, 67; © Shutterstock: 8.

Rinne na húdair agus na foilsitheoirí a ndícheall sealbhóirí cóipchirt a aimsiú. Má fágadh duine ar bith ar lár de thaisme beimid sásta na socruithe cuí a dhéanamh chomh luath is a bhíonn an deis sin ann.

FSC
www.fsc.org
MIX
Paper from responsible sources
FSC® C007507

AN CLÁR

Réamhrá

Is í an aidhm atá leis an leabhar seo ná cabhair a thabhairt do dhaltaí atá ag ullmhú do scrúdú na hArdteistiméireachta ag an ardleibhéal. Tá an leabhar leagtha amach san ord céanna is a bheidh na páipéir scrúdaithe.

Ag tús gach caibidle, tá moltaí don dalta i dtaobh conas tabhairt faoi athdhéanamh ar na gnéithe éagsúla den chúrsa agus conas ceisteanna scrúdaithe a láimhseáil. Sa chaibidil deiridh, tá ceachtanna gramadaí, chomh maith le cleachtaí agus freagraí. Molaim duit d'aird a dhíriú ar na ceachtanna sin, ar ceachtanna fíorthábhachtacha iad agus tú ag ullmhú do cheist scrúdaithe ar bith.

Tá súil agam go mbeidh tuiscint níos fearr agat ar an scrúdú agus ar an siollabas tar éis duit staidéar a dhéanamh ar an leabhar.

Guím ádh mór oraibh go léir sna scrúduithe!

Gabhaim buíochas ó chroí le gach duine a thug tacaíocht dom agus mé ag scríobh an leabhair seo, go háirithe mo mhuintir, mo chairde, mo chomhoibrithe scoile agus daltaí na scoile ina bhfuilim ag múineadh. Táim an-bhuíoch chomh maith d'fhoireann Gill Eduction a thug an deis dom, agus a chuir muinín ionam, an leabhar seo a scríobh. Buíochas speisialta le hAoileann, a bhí thar a bheith cabhrach i gcónaí liom.

I gcuimhne speisialta ar mo thuismitheoirí Josie agus Paddy.

Dáileadh na marcanna

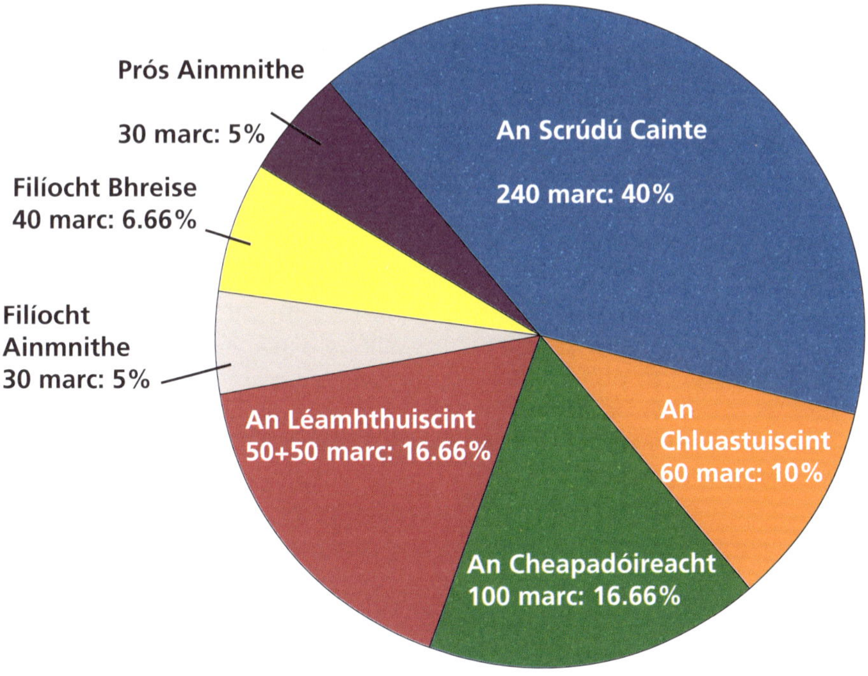

1 An Scrúdú Cainte

Aidhmeanna

- Gur mó an misneach a bheidh agat agus tú ag tabhairt faoin scrúdú cainte.
- Gur fearr an aithne a bheidh agat ar struchtúr an scrúdaithe.
- Go n-úsáidfidh tú na scileanna agus an foclóir foghlamtha anseo sna ceisteanna teanga éisteachta agus scríofa ar an bpáipéar scrúdaithe.

Treoracha

- *An Scrúdú Cainte* carries **240 marks** for Higher Level students. This is the equivalent of **40%** of the Irish exam. Students will first be asked five questions (see heading 'An Fáiltiú' on page 3), after which they will be asked to read an extract of poetry. Then the examiner will proceed to the *comhrá/agallamh*, where students will be asked to discuss general topics such as *mé féin*, *mo cheantar*, *mo chaitheamh aimsire*, etc. The *comhrá* may then progress to more general topics such as *fadhbanna an duine óig*, *fadhbanna na tíre*, etc.
- Finally, the student picks a picture series at random from a selection of 20 *sraith pictiúir* and he/she will be asked to describe what is happening/happened in the selected picture. The student will then ask the examiner three short questions from the pictures and this will be followed by three short questions from the examiner. The duration of the exam is **usually between 13 and 15 minutes.**
- It is vital to remember that **this is not a *Scrúdú Eolais***, i.e. the examiner will not be testing knowledge of subjects the student is not familiar with. Rather, **this is a *Scrúdú Cainte*** and the examiner's task is to assess your ability and competence in the Irish language.
- My advice here is to **speak!** Prepare relatively lengthy answers to questions you may have forecast, but be prepared for the examiner to interrupt you at any point to ask another question. It is not recommended to learn or recite long passages as this does not prove a natural flow of language.
- To get the balance, it would be advised to familiarise yourself with general phrases and responses. A Higher Level student will be expected to discuss various topics at a certain depth and therefore, where possible, one-line answers should be avoided. Occasionally, however, one line may fully answer the question. In brief, **elaborate on your answer where the opportunity arises**.
- Students often struggle with the *gramadach chasta* in this part of the exam and understandably so. However, **speaking the language and listening to it spoken** are undoubtedly the best ways to overcome such problems. Grammatical structures are most naturally learned in any language by

ear and by trial and error. Key points in grammar to focus on for the oral examination are *Briathra, An Aidiacht Shealbhach, Comhaireamh, An Chopail, An Forainm Réamhfhoclach, Tuisil*, etc. We use the *Tuiseal Ginideach* frequently and correctly, subconsciously, when we use phrases such as *fear an phoist* (post) and *bean an tí* (teach). Generally, the examiner will ask some questions in the *Aimsir Chaite, Aimsir Láithreach, Aimsir Fháistineach* and *Modh Coinníollach.*

- The *comhrá* often begins with an opening question such as *Inis dom fút féin* or *Déan cur síos ort féin*. Here, the student is given the opportunity to introduce him/herself, using simple and familiar language. I strongly emphasise the importance of **accuracy in grammatical structures.** How often have we heard that first impressions last or *Tús maith leath na hoibre!* Accuracy here also proves to the examiner that the student has prepared well for the oral exam, but also builds on the student's confidence for the remaining part of the *comhrá*.

Marcáil na Scrúdú Cainte	
Fáiltiú	5 mharc
Aithris na filíochta	35 marc
Comhrá ginearálta	120 marc
Cur síos ar shraith pictiúr	80 marc (70 marc don chur síos agus 10 marc do na ceisteanna)

An fáiltiú (5 cheist)

Cuimhnigh!

Léigh an sliocht le brí agus go soiléir. Ná déan dearmad ainm an dáin agus an fhile a lua.

1. **Cad/céard/caidé is ainm duit?**
   Saoirse Ní Mhurchú is ainm dom.
2. **Cén aois thú?**
   Táim ocht mbliana déag d'aois.
3. **Cén dáta breithe atá agat?**
   Rugadh mé ar an gcúigiú lá 's fiche de mhí na Samhna, sa bhliain dhá mhíle is a trí.
4. **Cad é do sheoladh baile?**
   Táim i mo chónaí ar Bhóthar na hAbhann, Áth Luain, Co na hIarmhí.
5. **Cad í d'uimhir scrúdaithe?**
   A trí, a hocht, a ceathair, a seacht, a dó, a haon.

Learn the answers to these five questions very carefully.

An léitheoireacht

You will be asked to read an extract of poetry (approx. 10 lines) at the beginning of the oral examination. It is important to practise reading the extracts several times in advance of the exam and to read the passage clearly and with meaning in the exam.

Éist leis an léitheoireacht ar an dlúthdhiosca

Rian 2

Géibheann

le Caitlín Maude

Ainmhí mé

ainmhí allta
as na teochreasa
a bhfuil clú agus cáil
ar mo scéimh

chroithfinn crainnte na coille
tráth
le mo gháir

ach anois
luím síos
agus breathnaím trí leathshúil
ar an gcrann aonraic sin thall

tagann na céadta daoine
chuile lá

a dhéanfadh rud ar bith
dom
ach mé a ligean amach

Rian 3

Colscaradh

le Pádraig Mac Suibhne

Shantaigh sé bean
i nead a chine,
faoiseamh is gean
ar leac a thine,
aiteas is greann
i dtógáil chlainne.

Shantaigh sí fear
is taobh den bhríste,
dídean is searc
is leath den chíste,
saoire thar lear
is meas na mílte.

Thángthas ar réiteach.
Scaradar.

Rian 4

An tEarrach Thiar

le Máirtín Ó Direáin

Fear ag glanadh cré
De ghimseán spáide
Sa gciúnas shéimh
I mbrothall lae
Binn an fhuaim
San Earrach thiar.

Fear ag caitheadh
Cliabh dhá dhroim
Is an fheamainn dhearg
Ag lonrú
I dtaitneamh gréine
Ar dhuirling bháin.
Niamhrach an radharc
San Earrach thiar.

Mná i locháin
In íochtar diaidh-thrá,
A gcótaí craptha,
Scáilí thíos fúthu:
Támh-radharc síothach
San Earrach thiar.

Toll-bhuillí fanna
Ag maidí rámha
Currach lán d'éisc
Ag teacht chun cladaigh
Ar ór-mhuir mhall
I ndeireadh lae
San Earrach thiar.

Rian 5

Mo Ghrá-sa (idir lúibíní)

le Nuala Ní Dhomhnaill

Níl mo ghrá-sa
mar bhláth na n-airní
a bhíonn i ngairdín
(nó ar chrann ar bith)

is má tá aon ghaol aige
le nóiníní
is as a chluasa a fhásfaidh siad
(nuair a bheidh sé ocht dtroigh síos)

ní haon ghlaise cheolmhar
iad a shúile
(táid róchóngarach dá chéile
ar an gcéad dul síos)

is más slim é síoda
tá ribí a ghruaige
(mar bhean dhubh Shakespeare)
ina wire deilgní.

Ach is cuma sin.
Tugann sé dom
Úlla
(is nuair a bhíonn sé i ndea-ghiúmar
caora fíniúna).

Rian 6

An Spailpín Fánach

Ní fios cé a chum

Im spailpín fánach atáim le fada
ag seasamh ar mo shláinte,
ag siúl an drúchta go moch ar maidin
's ag bailiú galair ráithe;
ach glacfad fees ó rí na gcroppies,
cleith is pic chun sáite
's go brách arís ní ghlaofar m'ainm
Sa tír seo, an spailpín fánach.

Ba mhinic mo thriall go Cluain gheal Meala
's as sin go Tiobraid Árann;
i gCarraig na Siúire thíos do ghearrainn
cúrsa leathan láidir;
i gCallainn go dlúth 's mo shúiste im ghlaic
ag dul chun tosaigh ceard leo
's nuair a théim go Durlas 's é siúd bhíonn agam –
'Sin chú'ibh an spailpín fánach!'

Go deo deo arís ní raghad go Caiseal
ag díol ná ag reic mo shláinte
ná ar mhargadh na saoire im shuí cois balla,
im scaoinse ar leataoibh sráide,
bodairí na tíre ag tíocht ar a gcapaill
á fhiafraí an bhfuilim hireálta:
'Ó téanam chun siúil, tá an cúrsa fada' –
siúd siúl ar an spailpín fánach.

An comhrá

Cuimhnigh!

Éist go cúramach leis an gceist.

Ná bíodh eagla ort iarraidh ar an scrúdaitheoir an cheist a athrá nó a mhíniú ar bhealach eile.

Tabhair aird faoi leith ar aimsir na mbriathra a chloiseann tú sa cheist.

Below is a typical introduction given by a Leaving Cert student. Note the grammatical rules in use.

Inis dom fút féin.

Mar a dúirt mé, Seán Ó Ceallaigh **is ainm dom**/Aoife Ní Shé **an t-ainm atá orm**/ **Is mise** Ailbhe Ní Mhóráin.

Tá **cúigear** ar fad i **mo** t**h**eaghlach – **mo** M**h**am, **mo** D**h**aid, **mo** b**h**eirt deartháir agus mé féin. (mo+séimhiú)

Is mise an duine is óige **sa** c**h**lann agus **is é Séamas** an duine is sine. Tá seisean **trí bliana 's fiche** d'aois agus tá sé ag obair **i m**Baile Átha Cliath. Tá **mo** d**h**eartháir eile Eoin fiche bliain d'aois agus tá sé **ag freastal ar** an ollscoil i gCorcaigh. (i+urú)

Táim/Tá mé i mo chónaí **i m**Bréachmhaigh, sráidbhaile beag atá suite thart ar cheithre mhíle **taobh amuigh de** C**h**aisleán a' Bharraigh. (de+séimhiú)

Is é an spórt an caitheamh aimsire is fearr liom. Imrím cispheil agus eitpheil agus tá mé **ar** f**h**oireann eitpheile na scoile. (an chopail, ar+séimhiú go hiondúil, tuiseal ginideach)

Is maith liom dul amach le mo chairde freisin agus **téimid** go dtí an phictiúrlann nó go dtí an club oíche go minic ag an deireadh seachtaine.

Treoracha

Éist leis na samplaí ar an dlúthdhiosca agus déan iarracht do chuid freagraí féin a chumadh.

Comhrá samplach a haon

Rian 7

Dia duit.
Dia's Muire dhuit.
Tá fáilte romhat, suigh síos!
Go raibh maith agat
Tosóimid leis an bhfáiltiú.
Cad is ainm duit?
Daithí Mac Oisín is ainm dom.
Agus cén aois thú?
Tá mé seacht mbliana déag d'aois.
Cad é do dháta breithe?
Rugadh mé ar an ochtú lá déag de mhí Aibreáin, sa bhliain dhá mhíle is a ceathair.
Cad é do sheoladh baile?
Bóthar na Trá, Gaillimh.
Cad í d'uimhir scrúdaithe?
A dó, a ceathair, a hocht, a naoi, a trí.

Go maith, a Dhaithí. Anois, an léifeá an dán 'Colscaradh'* le do thoil?
*Féach ar an dán 'Colscaradh' ar leathanach 4
(Léitheoireacht)

An-mhaith, a Dháithí! Anois, déan cur síos ort féin.

Tá mé seacht mbliana déag d'aois, ach beidh mé ocht mbliana déag i gceann míosa. Cúigear atá i mo theaghlach – mo mham, mo dhaid, mo dheartháir Liam, mo dheirfiúr Síofra agus mé féin ar ndóigh.

Go deas! An bhfuil a fhios agat fós cad é a dhéanfaidh tú ar do bhreithlá?

leanúnachas

aimsir fháistineach

Níl mé cinnte fós ach is dócha go rachaidh mé amach le mo chairde. Beidh an Ardteist ag tosú cúpla seachtain ina dhiaidh sin agus mar sin, b'fhéidir go mbeadh cóisir agam tar éis na hArdteiste. Má fhaighim cead ó mo thuismitheoirí, tiocfaidh mo chairde go dtí mo theach agus níos déanaí san oíche, rachaimid go dtí club oíche.

Go hiontach! Bainfidh tú taitneamh as sin gan dabht – agus cá bhfuil cónaí ort?

Cónaím i nGaillimh. Tá mo theach suite ar Bhóthar na Trá agus, mar sin, is féidir liom siúl ar scoil. Chomh maith leis sin, níl mé i bhfad ó na háiseanna go léir sa chathair. Tá **ionad spóirt** gar do mo theach agus téim ann go minic um thráthnóna.

sports centre

Agus cad é a dhéanann tú san ionad spóirt? leanúnachas

Úsáidim na meáchain go minic nó téim ag snámh uaireanta. Tá linn snámha caoga méadar san ionad. Chomh maith leis sin, i rith an gheimhridh, imrím sacar faoi dhíon le grúpa áitiúil. Is maith liom a bheith aclaí mar tá sé sláintiúil agus tugann sé faoiseamh dom ó bhrú na hArdteiste.

Tá an ceart agat, ach tá go leor daoine óga ann nach n-imríonn aon spórt agus a chaitheann an iomarca ama ag féachaint ar an teilifís, nó ag imirt cluichí ríomhaireachta, nach bhfuil? do thuairim

Tá, gan amhras, agus is mór an trua é. I mo thuairim féin, níl go leor béime ar an spórt sna scoileanna agus ní thuigeann daoine óga i gcoitinne tábhacht an spóirt. I mo scoil féin, sa chúigiú agus sa séú bliain, ní bhíonn ach rang amháin corpoideachais againn in aghaidh na seachtaine agus ní leor sin in aon chor.

aimsir láithreach ***Cad iad na hábhair atá á ndéanamh agat féin don Ardteist?***

Déanaim Gaeilge, Béarla, matamaitic, Fraincis, fisic, gnó agus cuntasaíocht. Is é an gnó an t-ábhar is fearr liom agus ba mhaith liom cúrsa gnó a dhéanamh san ollscoil an bhliain seo chugainn.

Agus cár mhaith leat an cúrsa a dhéanamh?

Má fhaighim na pointí, ba mhaith liom dul go dtí an ollscoil i Luimneach. Tá mo dheartháir ina chónaí ansin agus chuaigh mé ar cuairt chuige cúpla uair. Taitníonn an coláiste agus an chathair go mór leis.

modh coinníollach ***Agus mura bhfaighfeá na pointí, an bhfuil aon chúrsa eile ann a dhéanfá?***

Dhéanfainn an cúrsa céanna i mBaile Átha Cliath nó i Sligeach, ach b'fhearr liom Luimneach mar bheadh sé níos áisiúla dom.

do thuairim ***Bhuel, le cúnamh Dé, gheobhaidh tú do chéad rogha. Cad é a cheapann tú faoi chóras na bpointí mar chóras measúnaithe don tríú leibhéal?***

Den chuid is mó, ceapaim go bhfuil córas na bpointí cothrom agus cóir, mar faigheann gach dalta sa chóras an deis chéanna dul go dtí an coláiste agus ní bhraitheann sé ar an méid airgid atá ag do thuismitheoirí. Ar an lámh eile, áfach, níl mé cinnte go bhfuil sé ceart go mbraitheann gach rud ar scrúdú mór amháin tar éis cúig nó sé bliana sa mheánscoil. B'fhéidir, mar sin, go mbeadh measúnú leanúnach ní b'fhearr.

modh coinníollach

Ceart go leor, an bhfuil aon rud eile a d'athrófá faoin gcóras oideachais dá mbeifeá i d'Aire Oideachais?

Bhuel, ar ndóigh, thabharfainn níos mó airgid do na scoileanna chun trealamh nua a fháil agus chun foirgnimh nua a thógáil. Chomh maith leis sin, d'éistfinn le tuairimí na ndaltaí níos mó agus chuirfinn béim níos mó ar an spórt sa churaclam. Bheadh an post sin an-deacair, áfach, mar tá an-chuid fadhbanna le réiteach sa chóras mar atá sé.

aimsir fháistineach

Go maith! An bhfuil aon rud beartaithe agat don samhradh seo chugainn fós, a Dhaithí?

Beidh mé ag obair i siopa spóirt sa bhaile mór don chuid is mó den samhradh, ach ba mhaith liom dul ar saoire le mo chairde chomh maith. Níl aon rud curtha in áirithe againn go fóill ach seans maith go rachaimid ar saoire gréine! Beidh mé ag súil le himeacht ón drochaimsir anseo!

deis chun tuairim a nochtadh

Tá cúrsaí aimsire imithe in olcas sa tír seo le blianta anuas. Cad is cúis leis sin, dar leat?

Bhuel, níl aon amhras ach go bhfuil baint ag an téamh domhanda leis, dar liom féin. Tá athrú aeráide ag tarlú ar fud an domhain agus tá an cine daonna ag déanamh damáiste ollmhór don chiseal ozóin le breoslaí ola ó charranna, ó eitleáin agus ó thithe. Caithfimid go léir a bheith ozónchairdiúil agus aire níos fearr a thabhairt dár dtimpeallacht nó beidh sé ródhéanach.

ábhar tráthúil

An bhfuil aon suim agat i gcúrsaí polaitíochta?

Níl mórán suime agam sa pholaitíocht, i ndáiríre. Is beag am a chaithim na laethanta seo ag féachaint ar an nuacht nó ag léamh an nuachtáin.

Tá sé ceart go leor a rá nach bhfuil mórán eolais agat faoi ábhar nó nach bhfuil suim agat ann.

do thuairim

An gceapann tú go bhfuil go leor áiseanna i do cheantar do dhaoine óga?

Tá áiseanna anseo, ceart go leor, ach ní bhíonn go leor le déanamh ag déagóirí. Tá pictiúrlann, linn snámha, leabharlann, ionad siopadóireachta agus a leithéid, ach má theastaíonn uait dul go dtí an dioscó, caithfidh tú a bheith ocht mbliana déag. Níl aon dioscó do dhéagóirí atá sé bliana déag, mar shampla.

do thuairim

Tuigim, agus meas tú an bhfuil níos mó fadhbanna sa chathair, mar sin?

Chun na fírinne a insint, ní dóigh liom go bhfuil Gaillimh níos measa ná aon áit eile sa tír. Cosúil le gach cathair nó baile mór eile, bíonn fadhbanna againn leis an ólachán i measc na n-óg, chomh maith le fadhb na ndrugaí agus foréigean ar na sráideanna, go háirithe idir a haon agus a trí a chlog ar maidin nuair a thagann na sluaite amach ar na sráideanna as na tithe tábhairne agus na clubanna oíche. Tagann fonn troda ar dhaoine áirithe nuair a bhíonn siad ar meisce, nó faoi thionchar drugaí, nó b'fhéidir meascán den dá rud.

Cad é a dhéanann tú féin ag an deireadh seachtaine?

aimsir láithreach

Oíche Dé hAoine, glacaim sos ón staidéar. Ligim mo scíth nó buailim le mo chairde sa chathair nó san ionad spóirt. Maidin Dé Sathairn, éirím ar a naoi a chlog agus déanaim staidéar go dtí thart ar a cúig a chlog. Ansin, ithim mo dhinnéar agus féachaim ar an teilifís, nó buailim le mo chairde. Ó am go chéile, téimid go dtí an teach tábhairne nó go dtí an dioscó, ach uaireanta bíonn sé deacair cead isteach a fháil mar níl mé ocht mbliana déag fós!

An mbíonn daoine óga faoi ocht mbliana déag sna háiteanna sin go minic?

aimsir ghnáthláithreach

Bíonn, cinnte!

Conas sin?

Bhuel, bíonn cártaí aitheantais bréige ag cuid acu. Níl an dlí ródhian ar an riail sin i mo thuairimse.

do thuairim

An mar sin é? Agus, an bhfuil aon tuairim agat cén fáth a bhfuil fadhb an ólacháin i measc na n-óg chomh holc sin in Éirinn?

Bhuel, tá sé deacair an cheist sin a fhreagairt i ndáiríre, ach b'fhéidir gur ár gcultúr atá freagrach as. Is beag ócáid a cheiliúraimid gan alcól agus, i gcoitinne, bíonn tionchar mór ag cultúr an ólacháin ar ár sochaí.

Ar fheabhas, a Dhaithí.

Anois, leanfaimid ar aghaidh go dtí an tsraith pictiúir. Pioc sraith pictiúir amháin ón gclúdach litreach, más é do thoil é.

Anois, tóg leathnóiméad nó mar sin chun breathnú ar na pictiúir.

Anois, is féidir leat tosú!

Sraith Pictiúr: Teip na Scrúdú Tiomána

(Féach ar script iomlán na bpictiúr seo ar moresuccess.ie)

Cuirfidh an bheirt againn trí cheist ar a chéile faoi na pictiúir anois. An dtosófá, más é do thoil é?

Cad iad na mothúcháin sa chéad phictiúr, dar leat?

Bhí Seán neirbhíseach i bpictiúr a haon, dar liom.

Cad a tharla i bpictiúr a trí?

Chonaic Seán a chairde agus bheannaigh sé dóibh.

Cén sórt duine é an scrúdaitheoir tiomána, dar leat?

Bhí sé cothrom agus cóir, dar liom.

Go maith, agus anois cuirfidh mé trí cheist ort. Cá raibh Seán i bpictiúr a haon?

Bhí Seán taobh amuigh den ionad tástála.

An dóigh leat go raibh aiféala ar Sheán i bpictiúr a ceathair?

Ceapaim go raibh an-aiféala ar Sheán.

Conas a mhothaigh an fear a bhí sa charr eile, i bpictiúr a ceathair?

Bhí an fear sa charr eile crosta, gan dabht.

Go hiontach ar fad, a Dhaithí! Anois, tá an scrúdú thart. Go raibh maith agat.

Go raibh maith agat féin. Slán!

Gluais

i gceann míosa	*a month from now*
i bhfad ó	*far from*
gar do	*close to*
meáchain	*weights*
sacar faoi dhíon	*indoor soccer*
aclaí	*fit*
faoiseamh	*relief*
an iomarca	*too much*
i gcoitinne	*in general*
ar a laghad	*at least*
níos áisiúla	*more convenient*
Córas na bPointí	*the Points System*
córas measúnaithe	*a system of assessment*
cothrom/cóir	*fair*
measúnú leanúnach	*continuous assessment*

Aire	*Minister*
trealamh	*equipment*
foirgnimh	*buildings*
beartaithe	*planned*
curtha in áirithe	*booked*
imithe in olcas	*worsened*
téamh domhanda	*global warming*
athrú aeráide	*climate change*
cine daonna	*human race*
an ciseal ózóin	*the ozone layer*
breoslaí ola	*oil fuels*
mar an gcéanna	*the same*
gné	*aspect*
fonn troda	*desire to fight (aggressive mood)*
meascán	*a mixture*
cead isteach	*admission*
cártaí aitheantais bréige	*false ID cards*
an dlí	*the law*
freagrach as	*responsible for*
ócáid	*occasion*
tionchar	*influence*
cultúr an ólacháin	*drinking culture*
sochaí	*society*

Comhrá samplach a dó

Rian 8

Dia duit, tá fáilte romhat!

Go raibh maith agat.

Conas atá tú?

Táim ceart go leor ach táim pas beag neirbhíseach.

Bhuel, níl aon ghá a bheith neirbhíseach, a Chiara. Níl anseo ach comhrá.

Anois, cuirfidh mé cúig cheist ort. Is é sin an fáiltiú.

Céard is ainm duit?

Ciara Ní Shearcaigh an t-ainm atá orm.

Agus cén aois thú, a Chiara?

Tá mé ocht mbliana déag d'aois.

Céard é do dháta breithe?

An seachtú lá de mhí Feabhra, dhá mhíle is a cúig.

Cad é do sheoladh baile?

Cnoc Mhuire, Contae Mhaigh Eo.

Agus céard í d'uimhir scrúdaithe?

A haon, a ceathair, a seacht, a sé, a haon.

An-mhaith a Chiara! Anois, leanfaimid ar aghaidh go dtí an fhilíocht. An léifidh tú véarsa a haon agus a dó den dán 'An tEarrach Thiar'* más é do thoil é?

*Féach ar an dán 'An tEarrach Thiar' ar leathanach 5

(Léitheoireacht)

Anois, inis dom fút féin.

Tá cónaí orm i gCnoc Mhuire; sráidbhaile beag tuaithe i lár Chontae Mhaigh Eo. Tá seisear ar fad sa teaghlach againn, mo thuismitheoirí san áireamh. Tá triúr deirfiúracha agam agus táim féin i lár na clainne. Réitím go maith le mo chuid deirfiúracha de ghnáth, ach uaireanta bímid ag argóint faoi mhionrudaí ar nós éadaí agus an teilifís.

aimsir láithreach

Go maith, agus an bhfuil sibh go léir fós in bhur gcónaí sa bhaile?

Níl. Tá mo dheirfiúr is sine, Sorcha, dhá bhliain 's fiche d'aois agus is múinteoir bunscoile í i mBaile Átha Cliath. Ansin, tá Niamh fiche bliain d'aois agus tá sí ag freastal ar an gcoláiste i nGaillimh. Tá sí ag déanamh cúrsa leighis. Tá mé féin agus mo dheirfiúr Caitríona sa bhaile fós agus tá Caitríona sa tríú bliain sa scoil seo. Beidh an bheirt againn ag déanamh scrúduithe le chéile i mí an Mheithimh.

Cad fút féin, a Chiara, cad ba mhaith leat a dhéanamh an bhliain seo chugainn?

Bhuel, braitheann sé sin ar na pointí a gheobhaidh mé, ach má éiríonn go maith liom sna scrúduithe, ba mhaith liom cúrsa altranais a dhéanamh.

Cén áit?

Is cuma liom, i ndáiríre. Bheinn sásta an cúrsa a fháil in aon áit. Chuir mé iarratas isteach i Sasana freisin agus bhí agallamh agam cúpla mí ó shin.

Tá na ceisteanna seo an-leanúnach

Ceart go leor, agus conas a d'éirigh leat san agallamh?

D'éirigh go maith liom agus tá áit faighte agam i gcoláiste i Londain, ag brath ar na torthaí a gheobhaidh mé i mí Lúnasa. Tá an córas iontrála difriúil i Sasana. Bíonn ort dhá ghrád B agus grád C amháin a fháil agus ansin faigheann tú pointí don agallamh, chomh maith. Ceapaim go bhfuil sé sin níos fearr, mar tá sé níos cothroime. Tá na pointí don chúrsa ardaithe go mór le blianta beaga anuas in Éirinn agus tá sé an-deacair anois áit a fháil sna coláistí oiliúna.

Cén fáth, dar leat, a bhfuil na pointí ag ardú?
Níl mé róchinnte, ach b'fhéidir go bhfuil éileamh níos mó ar an gcúrsa.
Go maith, ach deirtear go bhfuil an córas sláinte sa tír seo i ndroch-chaoi na laethanta seo. Nach gcuirfeadh sé isteach ort a bheith ag obair i gcóras mar sin?
Aontaím leat go bhfuil fadhbanna sa chóras sláinte le fada an lá, ach tá go leor dochtúirí agus altraí ar fud na tíre a oibríonn go dian dícheallach agus ba mhaith liom féin a bheith ina measc sin! Chomh maith leis sin, tá ospidéil agus seirbhísí sláinte den scoth timpeall na tíre, ach is minic nach gcloisimid fúthu sin. Is iad na scéalta diúltacha a shroicheann na meáin chumarsáide i gcónaí; scéalta faoi dhaoine a bheith fágtha ar thralaithe agus faoi liostaí fada feithimh. Tá sé go huafásach.
An bhfuil aon taithí agat féin ar obair an altra, a Chiara?
Nuair a bhí mé san idirbhliain, chuaigh mé ar thaithí oibre go dtí teach altranais i mo cheantar agus thaitin an obair go mór liom. Bhí mé ag obair leis na hothair, ag cabhrú leo agus ag dul ar shiúlóidí in éineacht leo. Tá post dúshlánach ag altraí an lae inniu ach, ag an am céanna, is post taitneamhach agus sásúil é.
Go diail! Anois, inis dom faoin idirbhliain sa scoil seo.
Bhuel, déanann formhór na ndaltaí sa scoil seo an idirbhliain. Táim féin thar a bheith sásta go ndearna mé í, mar fuair mé an-chuid taithí don saol atá romham. Chaith mé ceithre seachtaine ar thaithí oibre, chuaigh mé ar thuras scoile go dtí Barcelona agus ghlac mé páirt mhór i gceoldráma na scoile. Chomh maith leis sin, thosaíomar mionchomhlacht sa scoil agus, sa chaoi sin, d'fhoghlaim mé conas gnó a thosú agus a láimhseáil.
Scileanna iontacha, gan dabht. Anois, cad é an caitheamh aimsire is fearr leat?
Is é an ceol an caitheamh aimsire is fearr liomsa. Seinnim an chláirseach agus an fheadóg mhór. Thosaigh mé ag seinm na feadóige nuair a bhí mé deich mbliana d'aois agus lean mé ar aghaidh ansin go dtí an chláirseach. Seinnim i dtithe tábhairne, in óstáin agus ag ócáidí speisialta.
Go diail – an bhfuil tú i ngrúpa ceoil?
Níl. Seinnim le mo dheirfiúr ó am go ham agus seinnim go minic le ceoltóirí eile, ach níl mé i mo bhall d'aon ghrúpa go fóill. Bhuaigh mé Craobh Oireachtais na hÉireann anuraidh. Beidh cuimhne agam go deo ar an lá sin.

Ar fheabhas! Ar mhaith leat riamh a bheith i do cheoltóir proifisiúnta?

Níor mhaith liom a bheith i mo cheoltóir gairmiúil, mar is aoibhinn liom ceol a sheinm mar chaitheamh aimsire agus chun sos agus faoiseamh a thabhairt dom ó bhrú na scoile. Tá a lán brú ag baint leis an ngairm, cé go bhfuil airgead maith le déanamh as. **Bíonn aird an phobail ort i gcónaí** agus bíonn a lán taistil i gceist freisin.

you're always in the public eye

An bhfuil aon spéis agat sa taisteal?

Tá, cinnte! Mar a dúirt mé cheana, chuaigh mé ar thuras scoile le mo rang nuair a bhí mé san idirbhliain agus thaitin sé go mór liom. Tá súil agam go mbeidh seans agam i bhfad níos mó taistil a dhéanamh amach anseo. Rachaidh mé féin agus mo chairde go dtí Lanzarote i mí an Mheithimh, díreach tar éis na hArdteiste. Tá mé ag súil go mór leis.

aimsir láithreach

Agus cad a dhéanann tú de ghnáth sa samhradh?

Téim ar cuairt go dtí teach mo sheanmháthar i gCill Airne gach samhradh. Anuraidh, bhí post samhraidh agam anseo in óstán áitiúil. Bhí orm an chláirseach a sheinm sa bhialann ceithre oíche sa tseachtain. Bhí sé an-taitneamhach agus beidh an post céanna agam arís i mbliana.

An bhfaigheann tú seans in aon chor dul amach le do chairde?

aimsir láithreach

Ó, faighim! Bím críochnaithe gach oíche le mo chuid oibre ar a haon déag a chlog, agus ansin is féidir liom dul amach le mo chairde. An t-aon mhíbhuntáiste a bhaineann leis sin ná go mbíonn orainn síob nó tacsaí a fháil go Caisleán a' Bharraigh nó go Clár Chlainne Mhuiris agus bíonn sé sin costasach. Tá sé deacair saol sóisialta a bheith agat nuair atá tú i do chónaí i lár na tuaithe! Mar sin féin, is aoibhinn liom ciúnas agus síocháin na tuaithe.

aimsir fháistineach

An gcuirfidh sé isteach ort, mar sin, a bheith i do chónaí i gcathair éigin an bhliain seo chugainn?

Ní chuirfidh! Gan dabht, beidh sé an-difriúil ach táim ag tnúth leis. Beidh saol sóisialta níos fearr agam agus beidh mé sásta a bheith i mo chónaí in aice leis na háiseanna go léir sa chathair. Is breá liom dul go dtí an phictiúrlann mar shampla, ach ní fhaighim an seans minic go leor anseo!

aimsir fháistineach

Bhí an comhrá sin an-suimiúil, a Chiara. Maith thú!

Leanfaimid orainn go dtí an tsraith pictiúir! Pioc leathanach amháin ón gclúdach seo le do thoil.

Anois, tóg leathnóiméad nó mar sin chun féachaint ar na pictiúir Is féidir leat tosú!

Sraith Pictiúr: Rialacha na Scoile

(Féach ar script iomlán na bpictiúr seo ar moresuccess.ie)

Anois, an gcuirfeá trí cheist orm ó na pictiúir?

Cad iad na mothúcháin is láidre atá sa phictiúr deireanach, dar leat?

Bhí brón ar na daltaí, dar liom.

Cad a tharla i bpictiúr a dó (sa cheathrú cuid den phictiúr)?

Bhí na cailíní ag caitheamh tobac sa phictiúr sin.

Cén sórt duine í an príomhoide, dar leat?

Is duine dáiríre í an príomhoide, dar liom. Cuirfidh mé trí cheist ortsa anois. Cá raibh na daltaí i bpictiúr a cúig?

Bhí dalta amháin in oifig an phríomhoide agus bhí na daltaí eile sa seomra feithimh.

Cén t-am é i bpictiúr a sé?

Tá sé fiche cúig tar éis a ceathair.

An raibh na múinteoirí sásta i bpictiúr a trí?

Ní raibh siad sásta ar chor ar bith leis na daltaí. Bhí fearg orthu.

An-mhaith, a Chiara. Bhí sé sin go hiontach. Tá an scrúdú críochnaithe anois. Guím ádh mór ort san Ardteist.

Go raibh míle maith agat.

Gluais

gá	*necessity*
san áireamh	*included*
mionrudaí	*minor things*
braitheann sé ar	*it depends on*
iarratas	*application*
agallamh	*interview*
torthaí	*results*
córas iontrála	*entry system*
ardaithe	*risen*
éileamh	*demand*
othair	*patients*
den scoth	*first class/excellent*
diúltach	*negative*
na meáin chumarsáide	*the (communications) media*
taithí	*experience*

idirbhliain	*Transition Year*
teach altranais	*nursing home*
dúshlánach	*challenging*
ceoldráma	*musical (show)*
mionchomhlacht	*mini-company*
cláirseach	*harp*
feadóg mhór	*flute*
ball	*member*
gairmiúil	*professional*
amach anseo	*in the future*
síob	*a lift*

Comhrá samplach a trí

Rian 9

Dia dhuit, a Chiaráin.

Dia 's Muire dhuit.

Cad é mar atá tú?

Ní gearánta dom, go raibh maith agat, agus tú féin?

Táim go maith fosta, buíochas le Dia.

Tosóimid leis an bhfáiltiú.

Cén t-ainm atá ort?

Ciarán Ó Sé an t-ainm atá orm.

Agus cén aois thú, a Chiaráin?

Tá mé naoi mbliana déag d'aois.

Cén dáta breithe atá agat?

Rugadh mé ar an dara lá d'Aibreán, sa bhliain dhá mhíle is a dó.

Agus cad é do sheoladh baile?

Páirc an Chaisleáin,Tamhlacht, Baile Átha Cliath 24.

Cén uimhir scrúdaithe atá agat?

A ceathair, a hocht, a sé, a dó, a haon.

Go han-mhaith, a Chiaráin. Anois, an léifeá an dán 'An Spailpín Fánach',* véarsa a haon agus a dó, le do thoil?

*Féach ar an dán 'An Spailpín Fánach' ar leathanach 6

(Léitheoireacht)

Go maith! Déan cur síos ort féin anois, a Chiaráin.

Bhuel, táim cúig troithe, deich n-orlaí ar airde. Tá mo chuid gruaige fionn agus tá mo shúile gorm. Tá cúigear ar fad sa teaghlach againn. Tá deartháir amháin agam atá ceithre bliana déag d'aois agus is leathchúpla liom é mo dheartháir Fiachra. Táimid an-chosúil lena chéile agus déanann daoine botún eadrainn an t-am ar fad!

aimsir láithreach

Agus an gcuireann sé sin isteach ort?

Uaireanta, cuireann sé isteach orm, ach ní tharlaíonn sé le mo mhuintir ná lenár gcairde. Aithníonn siadsan na difríochtaí eadrainn. De ghnáth, tarlaíonn sé leis na múinteoirí ar scoil nó le daoine nach bhfuil aithne mhaith acu orainn. Mar sin féin, bhí craic againn leis nuair a bhíomar ní b'óige go háirithe!

Déarfainn é! An réitíonn sibh go maith le chéile?

aimsir láithreach

Réitímid go hiontach le chéile. Tá suim againn sna rudaí céanna. Tá an bheirt againn spórtúil agus is aoibhinn linn an ceol freisin. Ní hé sin le rá nach mbíonn argóintí eadrainn, áfach, uaireanta faoin teilifís nó faoi chailíní, ach ní go rómhinic! **Bíonn** níos mó argóintí againn le mo dheartháir Cillian. Is é an duine is óige sa chlann. Tá sé millte gan dabht ar bith agus cuireann sé isteach orm go minic lena chuid pleidhcíochta!

an aimsir ghnáthláithreach

Agus cá bhfuil cónaí oraibh?

Tá cónaí orainn in eastát tithíochta anseo i dTamhlacht. Is maith liom m'áit chónaithe mar tá sé réasúnta ciúin agus síochánta agus tá na comharsana go deas cairdiúil. Tá daoine sa cheantar a bhíonn trioblóideach ó am go chéile ach tá an t-ádh orainn mar tá **formhór na ndaoine** go deas, cosúil le gach áit eile sa tír. Tá áiseanna iontacha anseo do dhaoine óga, mar shampla cúpla ionad spóirt, pictiúrlann, ionad siopadóireachta agus a lán clubanna.

most people

An bhfuil tú féin páirteach in aon cheann de na clubanna?

Tá mé i mo bhall den chlub cicdhornálaíochta agus cispheile. Tá ionad náisiúnta cispheile againn anseo i dTamhlacht agus tá an t-ádh orainn gur féidir linn traenáil ansin go minic. Nuair a bhí mé ní b'óige, bhí mé i mo bhall den Chlub Gan Ainm ach níl mé sa chlub sin anois.

Inis dom faoin gcicdhornálaíocht.

Bhuel, tá club dornálaíochta thíos an bóthar agus thosaigh mé ag dul ann nuair a bhí mé cúig bliana déag d'aois. Is aoibhinn liom an chicdhornálaíocht mar tá mé go maith aige agus tá na leibhéil go léir bainte amach agam. Táim ag traenáil anois le bheith i mo mhúinteoir cicdhornálaíochta sa chlub. Is spórt iontach é mar tá an-chuid fuinnimh agus aclaíochta ag baint leis agus tugann sé sos dom ó bhrú an staidéir.

modh coinníollach

Go deas, an mbeadh aon suim agat sa mhúinteoireacht mar ghairm bheatha?

Ba bhreá liom a bheith i mo mhúinteoir corpoideachais agus má fhaighim na pointí, le cúnamh Dé, rachaidh mé go dtí Ollscoil Luimnigh an bhliain seo chugainn chun cúrsa oiliúna a dhéanamh.

do thuairim

Ach nach gceapann tú go bhfuil post an mhúinteora meánscoile deacair?

Aontaím leat ach ní bheadh aon eagla orm a bheith i mo mhúinteoir meánscoile. Tá formhór na ndéagóirí sa tír seo go deas agus níl ach mionlach ann atá trioblóideach. Is duine tuisceanach agus foighneach mé agus ceapaim go mbeinn go maith ag an bpost.

Cad é a cheapann tú faoin mbealach a múintear an corpoideachas?

do thuairim

Tá múinteoir sármhaith agam féin agus spreagann sí gach duine chun páirt a ghlacadh sa rang. Fiú mura bhfuil tú spórtúil, bíonn an rang oiriúnach do gach duine. Tá an t-ádh orainn freisin go bhfuil rang dúbailte againn gach seachtain.

Cad iad na lochtanna is mó a fheiceann tusa i do scoil?

Bhuel, ní maith liom an éide scoile. Ceapaim go bhfuil sé seanfhaiseanta agus go bhfuil na dathanna leadránach.

Ach nach gcuireann éide scoile stop leis an iomaíocht idir daltaí maidir le lipéid éadaigh agus a leithéid?

Táim ar aon intinn leat. Bheadh an iomarca brú ar thuismitheoirí a bheith ag ceannach lipéid chostasacha mura mbeadh éide scoile le caitheamh, ach d'athróinn féin stíl agus dath na héide agus thógfainn isteach **éide nua-aimseartha**. Chomh maith leis sin, tá cuid de na rialacha sa scoil beagáinín seanaimseartha – mar shampla, níl cead fón póca a úsáid i rith an lae scoile agus níl cead guma coganta ná bia ná deoch a bheith agat sa rang.

modern uniform

Cad é a cheapann tú faoin nGaeilge?

Is maith an rud í, dar liom, go bhfuil béim mhór ar labhairt na Gaeilge. 'Beatha teanga í a labhairt', mar a deirtear.

aimsir chaite

An ndeachaigh tú go dtí an Ghaeltacht riamh?

Chuaigh mé féin agus mo dheartháir go dtí Coláiste Chamuis i gConamara anuraidh. Bhí an cúrsa ar fheabhas. D'fhoghlaim mé an-chuid Gaeilge agus bhí craic iontach againn. Is mór an trua nach bhfaigheann gach dalta an deis chéanna dul go dtí an Ghaeltacht. Tá a lán cairde nua agam dá bharr agus tá suim mhór agam sa teanga ó shin.

Inis dom faoin gcoláiste.

Bhí ranganna againn ar maidin óna deich go dtí a haon a chlog. Ansin, bhí dinnéar againn sna tithe agus chuamar ar ais go dtí an coláiste don spórt. Bhí an aimsir go huafásach an samhradh seo caite, ach chuamar go dtí an trá nuair a bhí an aimsir réasúnta maith. Bhí imeachtaí spóirt againn sa halla freisin. Sa tráthnóna, bhí céilí againn sa halla agus bhí an-spraoi againn leis na damhsaí. Ag deireadh an chúrsa, bhí dioscó againn agus bhí sé sin go hiontach freisin. Bhuail mé le cailín deas ar an gcúrsa freisin agus táimid **ag siúl amach le chéile** ó shin. Is as Baile Átha Cliath di siúd freisin agus buailimid le chéile ag an deireadh seachtaine sa chathair. Buailimid le cairde eile ón gcúrsa uaireanta freisin.

going out together

An-deas! Cad é is maith leat a dhéanamh sa chathair?

Is breá liom dul go dtí an phictiúrlann nó crochadh thart le mo chairde. Chomh maith leis sin, má bhíonn airgead agam riamh, is aoibhinn liom dul ag siopadóireacht sna siopaí spóirt nó siopaí ceoil i lár na cathrach.

aimsir láithreach

An bhfaigheann tú airgead póca?

Faighim airgead ó mo thuismitheoirí uaireanta, ach tugaim aire do pháistí m'aintín oíche Dé hAoine agus tugann sise airgead dom. Ba mhaith liom post samhraidh a fháil an samhradh seo ach níl mé cinnte cén áit fós. B'fhéidir san ionad spóirt i mo cheantar.

aimsir chaite

An raibh post samhraidh agat riamh roimhe seo?

Ní raibh. Rinne mé iarracht post a fháil anuraidh ach toisc go raibh mé ag dul go dtí an Ghaeltacht i mí an Mheithimh, ní bhfuair mé post.

Ar mhaith leat a bheith i do chónaí i mBaile Átha Cliath sa todhchaí?

B'aoibhinn liom é! Tá mo mhuintir agus mo chairde go léir anseo agus is breá liom saol na cathrach. Tá na háiseanna go léir in aice láimhe agus is maith liom an saol gnóthach a bhíonn anseo. Bheadh sé go deas a bheith i mo chónaí in aice na farraige, áfach, mar taitníonn spóirt uisce go mór liom.

Go maith. Anois, cad é a dhéanfaidh tú an deireadh seachtaine seo chugainn?

aimsir fháistineach

Bhuel, tráthnóna Dé hAoine, rachaidh mé ag siúl le mo mhadra agus déanfaidh mé m'obair bhaile. Dé Sathairn, beidh mé ag dul go dtí cóisir mo charad sa chathair, mar beidh sí ocht mbliana déag an lá sin. Beidh cóisir aici i dteach tábhairne i lár na cathrach. Ansin, Dé Domhnaigh, éireoidh mé go déanach mar beidh tuirse orm agus ansin déanfaidh mé staidéar sa tráthnóna.

An-mhaith, bain sult as sin, a Chiaráin. Tá an comhrá thart agus níl fágtha anois ach an tsraith pictiúr. Pioc sraith pictiúr amháin ón gclúdach anois.

Tá cead agat féachaint ar na pictiúir ar feadh leathnóiméid nó mar sin.

Sraith Pictiúr: Drochaimsir an Gheimhridh – Athrú Aeráide

(Féach ar script iomlán na bpictiúr seo ar moresuccess.ie)

Ar fheabhas ar fad, a Chiaráin. Anois, cuir trí cheist orm faoi na pictiúir.

Cad iad na mothúcháin is láidre atá sa phictiúr deireanach, dar leat?

Bhí na déagóirí buartha sa phictiúr deireanach, dar liom.

Cad a tharla don charr i bpictiúr a cúig?

Thit crann anuas ar an gcarr.

Cén sórt daoine iad Pól agus Áine, dar leat?

Is déagóirí ciallmhara iad, dar liom. Tuigeann siad go bhfuil an timpeallacht i mbaol. Ceart go leor, cuirfidh mé trí cheist ort anois. Cá raibh na déagóirí i bpictiúr a haon?

Bhí siad os comhair na teilifíse sa seomra suí.

Cén teocht a bhí ann i bpictiúr a dó?

Bhí sé ocht gcéim faoin reophointe.

Cén sórt aimsire a bhí ann i bpictiúr a cúig?

Bhí sé an-stoirmiúil i bpictiúr a cúig.

Go hiontach, a Chiaráin. Sin deireadh leis an scrúdú. Maith thú!

Go raibh maith agat. Slán!

Gluais

leathchúpla	*a twin*
botún	*mistake*
eadrainn	*between us*
millte	*spoiled*
pleidhcíocht	*messing*
comharsana	*neighbours*
formhór	*majority*
cicdhornálaíocht	*kickboxing*
Club Gan Ainm	*No Name Club*
gairm bheatha	*profession*
mionlach	*minority*
tuisceanach	*understanding*
foighneach	*patient*
spreag	*to motivate/inspire*
fiú	*even*
oiriúnach	*suitable/appropriate*
lochtanna	*faults*
iomaíocht	*competition*
lipéid	*labels*
seanaimseartha	*old-fashioned*
deis	*opportunity*
toisc	*because*

Treoracha

- Having listened to and read the *comhráite* on the previous pages, it is hoped that students will understand that they, for the most part, tend to *steer* the conversation. This is not to say that the student should not **prepare a wide range of topics to speak about**, as each examination and examiner will take a different approach. However, no examiner will ask the same number of questions or indeed the same list of questions of all students.
- Do not be afraid to tell the examiner that you have very little knowledge of a particular subject, e.g. political matters or Brexit! A basic awareness of matters that dominate the media at a specific time would, however, be expected at Higher Level.
- The responses given in the *comhráite* on the previous pages are clearly of a very high standard and show excellent competence in the language. **The aim here is to provide the student with useful vocabulary and phrases and to give an idea of how the *comhrá* might progress.**

Sraith pictiúr

> Cuimhnigh!
>
> Socraigh ar aimsir amháin (aimsir láithreach nó aimsir chaite) chun cur síos a dhéanamh ar na pictiúir.

During the exam, the student will pick a picture series at random from a set of 20 *sraith pictiúr*, which will have been viewed and prepared for by students in advance of the *Scrúdú Cainte.* You will be expected to discuss the picture series in detail and to converse with the examiner on the general subject matter of the picture series. You will have approximately 30 seconds to first consider the pictures.

The 20 picture sequences to be used in the oral examination, with sample answers, can be found on moresuccess.ie.

Nathanna agus abairtí úsáideacha

Thíos, tá nathanna úsáideacha a chabhróidh leat agus tú ag ullmhú don scrúdú.

Nathanna cainte ginearálta, mura dtuigeann tú an cheist nó mura bhfuil spéis nó eolas agat in ábhar na ceiste:

Gabh mo leithscéal, ní thuigim an cheist.

Gabh mo leithscéal, níl mórán eolais agam faoin ábhar sin.

Tá brón orm, ach níl aon spéis agam san ábhar sin.

Nathanna cainte má bhíonn ort smaoineamh faoin bhfreagra:

Bhuel, is ceist dheacair í sin i ndáiríre, ach ceapaim ...

Níl mé cinnte ach is dócha go ...

Caithfidh mé a admháil ...

Caithfidh mé a rá ...

Tá sé deacair a rá ach ...

Bhuel, chun na fírinne a insint ...

I mo thuairim féin ...

Déarfainn go ...

Aontaím leat go ...

Bheadh orm smaoineamh faoin gceist sin.

Is trua liom a rá go ...

Tá áthas orm a rá go ...

Is ceist chasta í sin, dar liom.

Gnáthábhair chainte

> Cuimhnigh!
>
> Cuirfidh an foclóir seo feabhas mór ar do chuid scileanna scríofa agus ceapadóireachta (Caibidil 3) agus ar do chuid foclóra i gcoitinne.

1. An teaghlach

teaghlach	*family, household*
muintir	*family (including relatives)*
clann	*family (children)*
máthair	*mother*
athair	*father*
deartháir(-eacha)	*brother(-s)*
deirfiúr(-acha)	*sister(-s)*
aintín	*aunt*
uncail	*uncle*
neacht	*niece*
nia	*nephew*
garmhac	*grandson*
gariníon	*granddaughter*
seanathair	*grandfather*
seanmháthair	*grandmother*
mo thuismitheoirí	*my parents*
mo sheantuismitheoirí	*my grandparents*
an duine is óige	*the youngest*
Is mise an duine is sine	*I am the eldest*
i lár na clainne	*in the middle of the family*
páiste aonair	*only child*

Abairtí

- Tá mo sheanmháthair ina cónaí i nGaillimh.
- Is í Áine an dara duine is sine.
- Táim féin i lár na clainne.
- Is páiste aonair mé.
- Tá mo thuismitheoirí **scartha ó chéile**. (*separated*)
- Fuair m'athair bás trí bliana ó shin.

2. An ceantar cónaithe

faoin tuath	*in the country*
sa chathair	*in the city*
sa bhaile mór	*in town*
ar imeall an bhaile	*on the outskirts of town*
i lár na cathrach	*in the city centre*
míle amháin ón mbaile mór	*one mile from town*
dhá mhíle ón scoil	*two miles from the school*

sráidbhaile	*a village*
bruachbhaile	*a suburb*
baile fearainn	*townland*
suite	*situated*
eastát tithíochta	*housing estate*
bloc árasán	*block of apartments*
i lár na tuaithe	*in the middle of the country*

Abairtí

- Cónaím i lár an bhaile.
- Tá mo theach suite ar imeall an bhaile.
- Táim i mo chónaí trí mhíle ón gcathair.

3. An teach

teach dhá stór	*two-storey house*
bungaló	*bungalow*
teach scoite	*detached house*
teach leathscoite	*semi-detached house*
teach sraithe	*terraced house*
árasán	*apartment*
an bunurlár	*the ground floor*
an chéad urlár	*the first floor*
an dara hurlár	*the second floor*
thuas staighre	*upstairs*
thíos staighre	*downstairs*
gairdín mór/beag	*a big/small garden*
ar chúl an tí	*at the back of the house*
os comhair an tí	*at the front of the house*
tionónta	*tenant*
ar cíos	*for rent*
ar díol	*for sale*
cistin	*kitchen*
seomra suí	*sitting room*
seomra bia	*dining room*
leithreas	*toilet*
seomra folctha	*bathroom*
seomra staidéir	*study room*
seomra cluichí	*games room*
seomra codlata	*bedroom*
seomra áise	*utility room*
áiléar	*attic*

íoslach	*basement*
halla	*hall*
radharc ar	*a view of*

Abairtí

- Is bungaló é mo theach.
- Tá cúig sheomra ann.
- Cónaím i dteach leathscoite in eastát tithíochta.
- Thuas staighre, tá seomra folctha agus dhá sheomra codlata.
- Tá radharc álainn againn ar an bhfarraige.

4. An scoil

bunscoil	*primary school*
meánscoil	*secondary school*
pobalscoil	*community school*
scoil chuimsitheach	*comprehensive school*
gairmscoil	*vocational school*
scoil mheasctha	*mixed school*
scoil chónaithe	*boarding school*
scoil phríobháideach	*private school*
príomhoide	*principal*
leas-phríomhoide	*deputy principal*
rúnaí	*secretary*
daltaí/scoláirí	*students*
an t-atmaisféar	*the atmosphere*

Abairtí

- Is í Bean Uí Riain an príomhoide sa scoil.
- Is é an tUasal Ó Murchú an leas-phríomhoide.
- Is scoil phríobháideach í an scoil seo agus tá thart ar dhá chéad dalta ar fad inti.
- Réitíonn na múinteoirí agus na daltaí go maith le chéile.

5. Sa scoil

áiseanna	*facilities*
trealamh	*equipment*
seomra ríomhairí	*computer room*
saotharlann eolaíochta	*science lab*
saotharlann teanga	*language lab*
leabharlann	*library*
seomra ealaíne	*art room*
halla staidéir	*study hall*

halla spóirt	*sports hall*
ceaintín	*canteen*
seomra ceoil	*music room*
seomra adhmadóireachta	*woodwork room*
linn snámha	*swimming pool*
páirc imeartha	*playing pitch*
cúirt eitpheile	*volleyball court*
cúirt leadóige	*tennis court*
halla tionóil	*assembly hall*
carrchlós	*carpark*
clár bán idirghníomhach	*interactive whiteboard*
ríomhaire glúine	*laptop*
teilgeoir	*projector*

Abairtí

- Tá na háiseanna maith go leor sa scoil seo.
- In aice leis an gcarrchlós, tá dhá chúirt leadóige agus cúirt chispheile.
- Tá an t-ádh orainn go bhfuil linn snámha againn sa scoil.
- Tá na hacmhainní TFC ar fheabhas sa scoil seo, buíochas le Dia. Baintear úsáid astu go laethúil sna seomraí ranga agus cabhraíonn siad go mór leis an bhfoghlaim, dar liom.

6. Na hábhair

Déanaim ...

Gaeilge	*Irish*
Béarla	*English*
Fraincis	*French*
Spáinnis	*Spanish*
Gearmáinis	*German*
Iodáilis	*Italian*
Laidin	*Latin*
Gréigis	*Greek*
léann Eabhrach	*Hebrew studies*
léann clasaiceach	*classical studies*
ceol	*music*
ealaín	*art*
ceardaíocht	*craft*
stair	*history*
tíreolaíocht	*geography*
corpoideachas	*physical education*
eacnamaíocht bhaile/tíos	*home economics*

matamaitic	*mathematics*
matamaitic fheidhmeach	*applied maths*
líníocht theicniúil	*technical drawing*
fisic	*physics*
ceimic	*chemistry*
fisic agus ceimic	*physics and chemistry*
bitheolaíocht	*biology*
eolaíocht talmhaíochta	*agricultural science*
staidéir foirgníochta	*construction studies*
innealtóireacht	*engineering*
staidéar gnó	*business studies*
eacnamaíocht	*economics*
cuntasaíocht	*accountancy*
miotalóireacht	*metalwork*

Abairtí

- Déanaim ocht n-ábhar ar fad.
- Is é an mata an t-ábhar is fearr liom, mar tá mé go maith aige agus tá an múinteoir ar fheabhas.
- Ní maith liom stair, mar tá sé leadránach agus deacair.

An coláiste/tríú leibhéal

Ollscoil na hÉireann, Gaillimh, Luimneach, srl.	NUI Galway, Limerick, etc.
Na hInstitiúidí Teicneolaíochta	Institutes of Technology
coláiste oiliúna do mhúinteoirí bunscoile	training college for primary teachers
cúrsa leighis/dlí/Na Dána/ealaíne/altranais/eolaíochta/gnó/ailtireachta	medical/law/arts/art/nursing/science/business/architectural course
Ba mhaith liom a bheith i mo Gharda.	I'd like to be a guard.
Tá trí bliana oiliúna le déanamh sula mbíonn tú cáilithe.	There are three years of training before you qualify.
céim a bhaint amach	to get a degree
B'aoibhinn liom cúrsa adhmadóireachta a dhéanamh.	I'd love to do a woodwork course.

7. Caithimh aimsire

Is maith liom/Is aoibhinn liom ...

cluichí éagsúla	*various games*
peil	*football*
iománaíocht	*hurling*
camógaíocht	*camogie*
sacar	*soccer*

rugbaí	*rugby*
snámh	*swimming*
snúcar	*snooker*
cispheil	*basketball*
eitpheil	*volleyball*
badmantan	*badminton*
galf	*golf*
marcaíocht chapaill	*horse riding*
siúl	*walking*
rothaíocht	*cycling*
rámhaíocht	*rowing*
seoltóireacht	*sailing*
surfáil	*surfing*
sléibhteoireacht	*mountaineering*
liathróid láimhe	*handball*
scuais	*squash*
dornálaíocht	*boxing*
aisteoireacht	*acting*
léitheoireacht	*reading*

8. Aidiachtaí le caithimh aimsire

taitneamhach	*enjoyable*
suimiúil	*interesting*
éasca	*easy*
dúshlánach	*challenging*
suaimhneach	*relaxing*
ar fheabhas	*excellent*
tapaidh	*fast*

9. An teilifís/An phictiúrlann

clár grinn	*comedy programme*
scannán grinn	*comedy movie*
sraith	*series*
sobalchlár	*soap*
scannán rómánsúil	*romantic film*
clár ceoil	*music programme*
scannán bleachtaireachta	*detective film*
clár cainte	*chat show*
clár spóirt	*sports programme*

cúrsaí reatha	*current affairs*
clár faisnéise	*documentary*
clár oideachais	*educational programme*
clár faoin dúlra	*a nature programme*
clár réalaíoch	*reality programme*
scannán grá	*love film*
cartún	*cartoon*

Abairtí

- Féachaint ar an teilifís an caitheamh aimsire is fearr liom.
- Is aoibhinn liom dul go dtí an phictiúrlann agus dul amach le mo chairde.
- **Taitníonn** an léitheoireacht go mór liom, mar tá sé suimiúil agus taitneamhach leabhair agus irisí a léamh.

aimsir láithreach

10. I do cheantar

club óige	*youth club*
lárionad siopadóireachta	*shopping centre*
lárionad spóirt	*sports complex*
pictiúrlann	*cinema*
raon reatha	*running track*
linn snámha	*swimming pool*
amharclann	*theatre*
leabharlann	*library*
óstán	*hotel*
halla an bhaile	*the town hall*
dánlann	*art gallery*
cúrsa gailf	*golf course*

Abairtí

- Tá lárionad spóirt gar do mo theach agus téim ann gach Máirt agus Déardaoin le mo chara Dara.
- **Bíonn** drámaí ar siúl go minic san amharclann agus is aoibhinn liom dul ansin le mo mham.
- Imrím galf uair amháin sa tseachtain. Tá galfchúrsa breá mór dhá mhíle ó mo theach agus téim ann gach maidin Dé Sathairn le mo dhaid.

aimsir ghnáthláithreach

11. Ceol

ceol traidisiúnta	*traditional music*
rac-cheol	*rock music*
ceol clasaiceach	*classical music*
popcheol	*pop music*

snagcheol	*jazz*
ceol rince	*dance music*
uirlis cheoil/gléas ceoil	*musical instrument*
ag casadh ceoil/ag seinm ceoil	*playing music*
ag éisteacht le ceol	*listening to music*
bannaí/grúpaí/amhránaithe	*bands/groups/singers*
na cairteacha	*the charts*
liricí	*lyrics*
tionscal an cheoil	*the music industry*
ceoltóirí gairmiúla/proifisiúnta	*professional musicians*
suíomh idirlín	*website*
ceol a íoslódáil	*to download music*
dlúthdhiosca	*CD*
amhránaí cáiliúil	*famous musician*
moltóirí	*adjudicators*

Abairtí

- Is aoibhinn liom ceol a sheinm.
- Taitníonn beagnach gach saghas ceoil liom ach ní sheinnim uirlis ar bith.
- Éistim le ceol ar m'fhón póca gach lá agus téim chuig ceolchoirmeacha ó am go ham.
- Is é Little Mix an grúpa ceoil is fearr liom.
- **Níor mhaith** liom a bheith i mo cheoltóir proifisiúnta, mar bíonn an iomarca brú orthu ó na meáin chumarsáide i mo thuairim. (modh coinníollach den chopail)
- **Ba bhreá** liom a bheith i mo cheoltóir/rinceoir gairmiúil, (modh coinníollach den chopail) mar **thabharfadh sé sin seans dom taisteal** (it would give me a chance to travel) ar fud an domhain agus bualadh leis na réaltaí móra!
- Tá **an t-uafás** (lots) airgid le déanamh as an gceol sa lá atá inniu ann.
- Tá **clú agus cáil idirnáisiúnta** (international fame and renown) ar chláir cheoil ar nós an *X Factor* agus *Britain's Got Talent*.

12. Fadhbanna i do cheantar

fadhb/fadhbanna	*problem/problems*
fadhbanna sóisialta	*social problems*
áitiúil	*local*
dífhostaíocht	*unemployment*
imirce	*emigration*
bochtaineacht	*poverty*
foréigean	*violence*
ciníochas	*racism*

dúnmharú	*a murder*
coiriúlacht	*crime (in general)*
drugaí	*drugs*
andúileach/andúiligh	*addict/addicts*
coirpeach/coirpigh	*criminal/criminals*
ciontóirí	*offenders*
an dlí	*the law*
is cuma leo	*they don't care*
alcól	*alcohol*
fadhb an ólacháin	*drinking problem*
piarbhrú/brú aoisghrúpa	*peer pressure*
tionchar	*influence*
cultúr an ólacháin	*drinking culture*
toitíní	*cigarettes*
ag caitheamh tobac	*smoking*

Abairtí

- Tá fadhb drugaí againn anseo, díreach mar atá i ngach áit eile sa tír.
- Is í fadhb an alcóil i measc na n-óg an fhadhb is measa sa cheantar seo.
- **Bíonn** piarbhrú i gceist go minic nuair a thosaíonn daoine ag glacadh drugaí.

  aimsir ghnáthláithreach
- Is cuma leis na coirpigh faoin dlí.
- Tá sé in am don rialtas rud éigin a dhéanamh faoi na fadhbanna seo.

13. Poist

dochtúir	*doctor*
altra	*nurse*
múinteoir bunscoile	*primary school teacher*
múinteoir ceoil	*music teacher*
cuntasóir	*accountant*
feirmeoir	*farmer*
tréidlia	*veterinary surgeon*
máinlia	*surgeon*
dochtúir comhairleach	*consultant*
feighlí linbh	*child minder*
ailtire	*architect*
seandálaí	*archaeologist*
tógálaí	*builder*
siúinéir	*carpenter*
fiaclóir	*dentist*
gruagaire	*hairdresser*

síceolaí	*psychologist*
aisteoir	*actor*
ceoltóir gairmiúil	*professional musician*
garraíodóir	*gardener*
bainisteoir	*manager*
dlíodóir	*lawyer*
aturnae	*solicitor*
abhcóide	*barrister*
freastalaí	*waiter/waitress*

Abairtí

- **Ba mhaith** liom a bheith i m'aisteoir.
- Is freastalaí é mo dheartháir.
- Is cuntasóir í mo mham.

modh coinníollach den chopail

Treoracha

I now advise each student to work on his/her own profile, entitled ***Mé Féin agus Mo Shaol***. I also recommend working with a partner where possible and using every possible opportunity to speak *as Gaeilge* in the months before the exam. Here are some questions to guide you. *Go n-éirí leat!*

Ceisteanna samplacha

1. Cad is ainm duit?
2. Cén aois thú?
3. Cad é do dháta breithe?
4. Cad é do sheoladh?
5. Céard í d'uimhir scrúdaithe?
6. An bhfuil a fhios agat cén fáth a bhfuil an t-ainm sin ar d'áit chónaithe?
7. Céard a dhéanfaidh tú/a rinne tú ar do bhreithlá?
8. Déan cur síos ar d'áit chónaithe.
9. An mó duine atá i do theaghlach?
10. Inis dom faoi do theaghlach.
11. An réitíonn tú go maith leis na daoine i do theaghlach?
12. An bhfuil peata agat sa bhaile? Déan cur síos air.
13. Cén caitheamh aimsire is fearr leat? Inis dom faoin gcaitheamh aimsire sin.
14. Cad iad na háiseanna atá i do cheantar don aos óg?
15. Céard a dhéanann tú ag an deireadh seachtaine, de ghnáth?

16. Déan cur síos dom ar do scoil.
17. Cad iad na rudaí a thaitníonn leat faoin scoil?
18. Cad iad na lochtanna is mó atá ar an scoil, dar leat?
19. Cad iad na hábhair a dhéanann tú?
20. Cén t-ábhar is fearr leat agus cén fáth?
21. Cad ba mhaith leat a dhéanamh an bhliain seo chugainn?
22. Dá mbeifeá i do phríomhoide, céard a d'athrófá faoin scoil seo?
23. An raibh tú riamh thar lear ar saoire? Inis dom faoin tsaoire sin.
24. An mbíonn tú ag féachaint ar an teilifís?
25. Cén clár teilifíse is fearr leat? Déan cur síos air.
26. Cad a dhéanfaidh tú an samhradh seo chugainn?
27. An raibh tú sa Ghaeltacht riamh? Inis dom faoin gcoláiste.
28. An maith leat an Ghaeilge ar scoil? Cén fáth?
29. An bhfuil tú i do bhall d'aon chlub i do cheantar?
30. An raibh tú riamh ag ceolchoirm? Inis dom faoi sin.
31. An raibh tú riamh tinn/breoite?
32. Inis dom faoi ghnáthlá scoile. Cad a dhéanann tú?
33. Cad iad na fadhbanna is mó atá i do cheantar cónaithe?
34. Meas tú, cad is cúis leis na fadhbanna sin?
35. An bhfuil aon réiteach ar na fadhbanna sin, dar leat?
36. Dá mbeifeá i do Thaoiseach, céard a dhéanfá chun dul i ngleic le fadhbanna na tíre seo?
37. Cad é an scéal is mó atá sa nuacht na laethanta seo? Cad a cheapann tú féin faoi?
38. An bhfuil aon suim agat féin sa pholaitíocht?
39. An maith leat an léitheoireacht?
40. Cad é an leabhar is fearr a léigh tú riamh? Déan cur síos air.
41. Inis dom faoin scannán is fearr a chonaic tú riamh.
42. Ar mhaith leat a bheith i d'aisteoir? Cén fáth?
43. Ar bhuail tú riamh le haon duine cáiliúil?
44. Cén áit ar mhaith leat a bheith i do chónaí amach anseo? Cén fáth?
45. Conas a fheiceann tú do shaol deich mbliana amach anseo?
46. An bhfuil suim agat sa taisteal?
47. Cad iad na tíortha ar mhaith leat féin iad a fheiceáil? Cén fáth?
48. Céard a dhéanfaidh tú tráthnóna inniu nuair a rachaidh tú abhaile ón scoil?
49. Cad a cheapann tú faoi chóras na bpointí?
50. Céard a dhéanfá chun an córas oideachais a athrú dá mbeifeá i d'Aire Oideachais?

2 An Chluastuiscint

Aidhmeanna

- Go mbeidh níos mó misnigh agat agus tú ag plé leis na canúintí, srl sa chuid seo den scrúdú.
- Go mbeidh foclóir níos fairsinge agat le haghaidh na ceiste seo agus na gceisteanna eile ar an bpáipéar.

Treoracha

- The *Cluastuiscint* is worth **60 marks (10%)** for *Ardleibhéal*.
- The exam will be divided into **3 sections**, *Cuid A (Fógraí), Cuid B (Comhráite) and Cuid C (Píosaí).*
- All extracts will be played **twice *(faoi dhó)***.
- Remember, all answers must be given ***as Gaeilge***.
- Read the questions carefully and underline what you see as the ***eochairfhocail*** (key words). This will give you some indication of what the general theme of the extract might be and will help you to focus on the information you need to hear (*cén fáth, cathain, srl).*
- **Always answer all questions** and, even if you are unsure of the spelling, write the sound as you hear it. Some marks will be given for attempt, even if the spelling is incorrect. However, marks cannot be awarded for a blank space!
- When revising for the *Cluastuiscint*, pay particular attention to the **wording of questions** (as in *Caibidil 4*). Revise **spellings of frequently featured vocabulary** such as counties, countries, days of the week, months, etc.
- As recommended when preparing for the *Léamhthuiscintí* (*Caibidil 4*), **choose some new words from each listening extract, find them in your dictionary and learn them.** This will broaden your vocabulary quickly.
- ***Éist leis an nuacht agus le Raidió na Gaeltachta*** *agus* ***tú ag ullmhú don cheist seo.***

Cuimhnigh!

Léigh gach ceist go cúramach.
Cuir líne faoi na heochairfhocail.
Freagair gach ceist as Gaeilge.

Foclóir úsáideach don chluastuiscint

Foclóir coitianta sna ceisteanna

céard/cad/cén?	*what?*
cá/cén áit?	*where?*
cé/cén duine?	*who?*
cathain/cén uair?	*when?*
conas/cén chaoi?	*how?*
cé mhéad/an mó?	*how much/how many?*
cá fhad?	*how long?*
cén fáth?	*why?*
cad chuige?	*what for/why?*
cárb as?	*where from?*
luaigh	*mention*
ainmnigh	*name*
breac síos	*write down*
cén cumann?	*what association/organisation?*
ag eagrú	*organising?*
cén rud nach mór do dhuine a dhéanamh?	*what must a person do?*
cad a dhéanfar?	*what will be done?*
cé a eiseoidh?	*who will issue?*
ócáid chuimhneacháin	*occasion of remembrance*
ag bagairt	*threatening*
le trí bliana anuas	*for the past three years*
céard a mheastar is cúis leis ...?	*what is thought to be the reason for it ...?*
dhá rud is gá	*two things that are necessary*
áis amháin	*one facility*
gaolmhar le	*related to ...*
cén chéim (ollscoile)?	*what (university) degree?*
cén saghas irise a mholann Máire?	*what kind of magazine does Máire recommend?*
foilsiú	*publication*
cén aidhm?	*what aim?*
na hearraí	*the goods/products*
cén rud a raibh tóir air?	*what was in demand?*
cén rud atá beartaithe a chur ar bun?	*what is planned to be set up?*
cé dóibh?	*who for?*
scoláireacht	*a scholarship*
cén fhéile?	*what festival/feast?*
cén pháirt?	*what part?*
cén chreidiúint?	*what credit?*

cén teideal?	*what title/name?*
dhá eagraíocht	*two organisations*
urraíocht	*sponsorship*
meascán	*mixture*
cad atá á lorg?	*what is being looked for?*
cén íocaíocht?	*what payment?*
daoine a roghnófar	*people who will be chosen*
cén cháilíocht?	*what qualification/quality?*
riachtanach	*necessary*
eolas breise	*additional information*
ag tnúth le	*looking forward to*
cén chomhairle?	*what advice?*
cén buntáiste?	*what advantage?*
cén dream?	*what group?*
céard dó?	*what for?*
deacracht	*difficulty*
comharchumann	*co-op*
suíomh	*site*
fostaí/fostaithe	*employee/employees*
fostaithe	*employed*
cé dóibh?	*who for?*
cén bhaint?	*what connection?*
foirm iontrála	*entry form*
cé atá i bpáirt le x?	*who is in partnership with x?*
cuideachta	*company*
comhlacht	*body (company)*
dualgas	*duty*
freagracht	*responsibility*
deis	*opportunity*
gairm an mhainicín	*the profession of a model*
cad atá ar intinn ag Máire?	*what does Máire intend?*
cé ar a son?	*who for?*
cén t-éacht?	*what achievement?*
ag teastáil	*needed/wanted*
cén léas?	*what lease?*
an Chomhairle Contae	*the County Council*
foirgneamh	*building*
aistrigh	*translate*
á cheiliúradh	*being celebrated*
rian	*mark/trace*

Bí cúramach leis na huimhreacha seo!

fiche	*20* (not 5, 15 or 50 as often mistaken!)
cúig	5
cúig déag	*15*
caoga	*50*
scór	*20*
trí scór is ceithre bliana	*64 years*
leathchéad	*50*
trí bliana go leith	*three and a half years*
míle	*a thousand* (not a million!)
milliún	*a million*
billiún	*a billion*

Téarmaí eile atá coitianta sa chluastuiscint

An Roinn Oideachais agus Scileanna
An Roinn Cultúir, Oidhreachta agus Gaeltachta
An Roinn Talmhaíochta
An tAire Airgeadais
An Taoiseach
An Tánaiste
An tUachtarán
Bord Soláthair an Leictreachais (ESB)
Údarás na Gaeltachta
Gael-Linn
Conradh na Gaeilge
Scór na nÓg
An tOireachtas
Glór na nGael
Slógadh
Raidió na Life
Raidió na Gaeltachta
ceardchumann (*trade union*)
seó faisin (*fashion show*)
seó tallainne (*talent show*)

Na Gaeltachtaí in Éirinn

Dún na nGall/ Tír Chonaill	Anagaire Ailt an Chorráin Cionn Caslach An Dúchoraidh Baile na Finne Gaoth Dobhair Gabhla Na Dúnaibh Machaire Rabhartaigh Rann na Feirste	Árainn Mhór Carraig Airt An Clochán Liath An Fál Carrach Cill Chárthaigh Gleann Cholm Cille Gort an Choirce Loch an Iúir Toraigh Teileann
Maigh Eo	Ceathrú Thaidhg Tuar Mhic Éadaigh	An Eachléim
Gaillimh	Árainn An Cheathrú Rua Cill Rónáin Indreabhán Inis Oírr Inis Mór Leitir Mealláin Ros a' Mhíl An Spidéal	Casla Cill Chiaráin Corr na Móna Inis Meáin Carna Leitir Móir Oileáin Árann Ros Muc
Ciarraí	Baile an Fheirtéaraigh Ceann Trá An Daingean An Fheothanach	Baile an Sceilg Lios Póil Dún Chaoin
Corcaigh	Baile Bhuirne Béal Átha an Ghaorthaidh Cill na Martra	Baile Mhic Íre Cúil Aodha Oileán Chléire
Port Láirge	An Rinn (Rinn Ua gCuanach)	
An Mhí	Ráth Cairn	Baile Ghib

Treoracha

Tá trí chluastuiscint anseo. Iarraim ort ar dtús triail a bhaint as na ceisteanna agus beidh tú in ann do chuid measúnaithe féin a dhéanamh ina dhiaidh sin. Díreach tar éis na gceisteanna, feicfidh tú na sleachta uilig agus beidh tú in ann focail nua a lorg san fhoclóir. *Ádh mór ort!*

Cluaistuiscintí samplacha

Triail 1

Cuid A

Cloisfidh tú dhá fhógra sa chuid seo. Éist le gach ceann díobh *faoi dhó*. Beidh sos agat tar éis gach éisteachta chun na freagraí a scríobh isteach.

Fógra a hAon — *Rian 10*

1. (a) Cé uathu a dtagann an fógra seo?

   ____

   (b) Cén fáth ar fiú féachaint?

   ____

2. Cén t-am gach Luan go hAoine a bheidh 'Bog Stop' ar siúl?

   ____

3. Cén saghas cláir atá geallta?

   ____

4. Cathain a bheidh 'Scunc Fu' ar an aer?

   ____

Fógra a Dó — *Rian 11*

1. (a) Cé orthu a mbeidh na ranganna Gaeilge dírithe?

   ____

   (b) Cé atá ag eagrú na ranganna?

   ____

2. Cá fhad ar fad a mhairfidh na ranganna?

   ____

3. Cad é an táille atá i gceist?

   ____

4. Cá bhfuil tuilleadh eolais ar fáil?

   ____

Cuid B

Cloisfidh tú dhá chomhrá sa chuid seo. Éist le gach comhrá díobh *faoi dhó*. Cloisfidh tú an comhrá ó thús deireadh an chéad uair agus an dara huair cloisfidh tú arís é ina dhá mhír.

Comhrá a hAon

Rian 12

An chéad mhír

1. Cén teideal atá ar an aiste atá á déanamh ag Brenda?

____

2. Cad a deir Brenda faoi Bhono?

____

An dara mír

1. Cén cheist a chuireann Rónán ar Bhrenda faoina hathair?

____

2. Cén obair atá déanta ag Nelson Mandela san Afraic Theas, dar le Brenda?

____

Comhrá a Dó

Rian 13

An chéad mhír

1. Cén chaoi ar mhothaigh Cáit faoin triail tiomána?

____

2. Dar le Pól, cad a bheidh Cáit ábalta a dhéanamh anois?

____

An dara mír

1. Céard a gheall athair Cháit di?

____

2. Céard a bhí ar Phól a dhéanamh sular cheannaigh sé a charr?

____

Cuid C

Cloisfidh tú dhá phíosa nuachta/raidió/teilifíse sa chuid seo. Éist le gach píosa díobh *faoi dhó*. Beidh sos agat tar éis gach éisteachta chun na freagraí a scríobh isteach.

Píosa a hAon

Rian 14

1. Cén fáth ar tugadh an déagóir os comhair na cúirte?

   ____

2. Conas a gortaíodh an bhean?

   ____

3. Céard a dúirt an Garda faoin déagóir sa chúirt?

   (i)

   ____

   (ii)

   ____

Píosa a Dó

Rian 15

1. Cár osclaíodh an leabharlann nua?

   ____

2. Cad a mhol gach duine faoin leabharlann nua?

   ____

3. Cén fáth a mbeidh muintir na háite lánsásta?

   ____

4. Luaigh dhá cheann de na háiseanna a bheidh sa leabharlann nua.

   (i)

   ____

   (ii)

   ____

Triail 2

Cuid A

Cloisfidh tú dhá fhógra sa chuid seo. Éist le gach ceann díobh *faoi dhó*. Beidh sos agat tar éis gach éisteachta chun na freagraí a scríobh isteach.

Fógra a hAon

Rian 16

1. Céard atá á lorg ag pobal Eascarrach?

____

2. Luaigh dhá cháilíocht atá riachtanach don phost.

(i)

____

(ii)

____

3. Céard atá le déanamh má tá suim ag daoine?

____

Fógra a Dó

Rian 17

1. Cathain a bheidh Seachtain na Gaeilge á seoladh?

____

2. Cé mhéad atá le híoc ar na ticéid?

____

3. Cad a bheidh á dhéanamh ag Dáithí Ó Sé?

____

4. Cén fáth a mbeidh ceiliúradh ar siúl?

____

Cuid B

Cloisfidh tú dhá chomhrá sa chuid seo. Éist le gach comhrá díobh *faoi dhó*. Cloisfidh tú an comhrá ó thús deireadh an chéad huair agus an dara huair cloisfidh tú arís é ina dhá mhír.

Comhrá a hAon

Rian 18

An chéad mhír

1. Cén t-ainm atá ar an gcatagóir nua i gComórtais Liteartha an Oireachtais?

____

2. Cén duais a bheidh ann don bhlag is fearr?

____

An dara mír

1. Cén spriocdháta atá ann le hiarratais a chur isteach?

____

2. Deir Ruán le hAoife gan dearmad a dhéanamh air. Cén uair atá i gceist aige?

____

Comhrá a Dó

Rian 19

An chéad mhír

1. Cathain a bhíonn Raidió Fáilte ar an aer?

____

2. Cén saghas cláir a bhíonn ar siúl ar an stáisiún?

____

An dara mír

1. Cé orthu a bhfreastalaíonn an stáisiún go speisialta, dar le hEimhir?

____

2. Cén fáth a raibh Pádraig sa chultúrlann anuraidh?

____

Cuid C

Cloisfidh tú dhá phíosa nuachta/raidió/teilifíse sa chuid seo. Éist le gach píosa díobh *faoi dhó*. Beidh sos agat tar éis gach éisteachta chun na freagraí a scríobh isteach.

Píosa a hAon

Rian 20

1. Céard a thug Siopa an Phobail do dhaltaí scoile sa cheantar?

 ____

2. Conas a bhí na páistí agus iad ag dul ar ais go dtí na seomraí ranga?

 ____

3. Cé a cuireadh chuig na scoileanna mar chuid den fheachtas?

 ____

Píosa a Dó

Rian 21

1. Cé a bhuaigh an corn ag Féile Ghael-Linn 2008?

 ____

2. Cén fáth a raibh an lucht féachana agus na himreoirí ar bís?

 ____

3. Conas a chríochnaigh an cluiche? (Cén scór a bhí ann?)

 ____

Triail 3

Cuid A

Cloisfidh tú dhá fhógra sa chuid seo. Éist le gach ceann díobh *faoi dhó*. Beidh sos agat tar éis gach éisteachta chun na freagraí a scríobh isteach.

Fógra a hAon

Rian 22

1. Céard atá á reáchtáil ag Pléaráca Chonamara?

 ____

2. Cá mbeidh sé seo ar siúl?

 ____

3. Ainmnigh dhá imeacht a eagraíonn Pléaráca gach bliain.

 (i)

 ____

 (ii)

 ____

Fógra a Dó

Rian 23

1. Cá bhfuil Coláiste na Rosann suite?

2. Cé dóibh a mbíonn na cúrsaí cúig lá ar siúl?

3. Céard iad na míonna ina mbíonn na cúrsaí ar siúl?

4. (a) Cá bhfaighfear eolas faoi na cúrsaí?

   (b) Cén praghas atá ar chúig lá?

Cuid B

Cloisfidh tú dhá chomhrá sa chuid seo. Éist le gach comhrá díobh *faoi dhó*. Cloisfidh tú an comhrá ó thús deireadh an chéad huair agus an dara huair cloisfidh tú arís é ina dhá mhír.

Comhrá a hAon

Rian 24

An chéad mhír

1. Cén chaoi a mnothaíonn Máire tar éis an chluiche?

2. Conas a bhí ag éirí le foireann Mháire ag leath ama?

An dara mír

1. Cén botún a rinne Siún Ní Néill?

2. Céard a tharla don fhoireann ansin, dar le Máire?

Comhrá a Dó

Rian 25

An chéad mhír

1. Cén fáth ar chaith Pól a lán ama ar an gcéad cheist?

____

2. Cé mhéad ama is ceart a chaitheamh ar gach ceist, dar le Sorcha?

____

An dara mír

1. Céard atá ag teastáil ó Phól do Pháipéar a Dó amárach, dar leis féin?

____

2. Cén chomhairle a chuireann Sorcha ar Phól maidir lena bhfuil le déanamh don tráthnóna?

____

Cuid C

Cloisfidh tú dhá phíosa nuachta/raidió/teilifíse sa chuid seo. Éist le gach píosa díobh *faoi dhó*. Beidh sos agat tar éis gach éisteachta chun na freagraí a scríobh isteach.

Píosa a hAon

Rian 26

1. Cad chuige a n-eagraíonn Oireachtas na Gaeilge imeachtaí i rith na bliana?

____

2. Cad a bheidh ar siúl in Óstán Rochestown Park i mbliana?

____

3. Cén uair a thosóidh na himeachtaí i mbliana?

____

Píosa a Dó

Rian 27

1. Cén dea-scéal atá ann do dhaoine óga?

____

2. Céard atá ar an suíomh gréasáin?

____

3. Cad a deirtear faoi na cláir?

____

Na giotaí cainte

Triail 1

Cuid A

Fógra a hAon

Táimid ar ais arís. Sin an fógra ó Cúla 4 ar TG4. **Is fiú** féachaint, mar tá cláir nua acu don **úrbhliain**. Beidh 'Bog Stop' ar siúl Luan go hAoine ag cúig nóiméad is fiche tar éis a ceathair. Clár **sciobtha** spraoiúil atá **geallta** ina dtugann scoileanna ó na 32 contae aghaidh ar a chéile le haghaidh an trófaí a bhuachan. Beidh cláir iontacha eile ann freisin cosúil le Avatar agus **sraith** nua den chlár Scunc Fu a bheidh ar an aer Luan go hAoine ar a deich chun a ceathair.

It is worth / new year / fast/lively / promised / series

Fógra a Dó

Beidh ranganna Gaeilge atá **dírithe ar** dhaoine fásta ag tosú i gCorcaigh, Mí na Márta. Gaelchultúr, le cabhair ó Fhoras na Gaeilge, atá ag eagrú na ranganna. **Mairfidh** na ranganna ocht seachtaine. Beidh cúig leibhéal ranganna ar siúl go hiomlán: bunrang go dtí Ardrang. Céad seasca euro atá mar tháille ar na ranganna. Má tá spéis agat sna ranganna seo, is féidir clárú ar líne ag gaelchultur.com, nó glaoch a chur ar an uimhir 1890 252 900. Tá tuilleadh eolais le fáil ar an suíomh idirlín eolas@gaelchultúr.com chomh maith.

directed towards/ focused on / will run/last

Cuid B

Comhrá a hAon

An chéad mhír

Rónán: Heileo, a Bhrenda! Rónán anseo. Goidé mar atá tú?

Brenda: **Beo ar éigean** ach tá mé ag plé leis an diabhal aiste seo '**Laochra Ár Linne**'.

Rónán: Agus goidé mar atá ag éirí leat? Sin an fáth a bhfuil mé ag cur glaoch ort. Ní féidir liomsa teacht air, beag ná mór!

Brenda: Bhuel, bhí mé ag caint le m'athair agus thug sé **nod** dom. Anois táim ag scríobh aiste faoi Bhono.

Rónán: Bono! Cad chuige? Ní thaitníonn sé liom ar chor ar bith. Tá sé **róthógtha** lena ghuth féin agus achan duine ag éisteacht leis!

Brenda: Féach anois, a Rónáin, ná bí róchrua air. Tá sárobair ar siúl aige ar son mhuintir na hAfraice.

just about alive / 'Heroes of Our Time' / hint/tip / too fond of publicity

Rónán: B'fhéidir é. Ach ní thaitníonn sé liomsa. Is breá leis an **phoiblíocht**.

An dara mír

Brenda: Ní aontaím leat in aon chor, a bhuachaill.

Rónán: Bhuel, is léir go bhfuil ag éirí go geal leatsa, ach goidé fúmsa? An bhfuil nod eile ag d'athair domsa!

fairness/ balance

great work

Brenda: Ceapaim go bhfuil ceann agamsa. D'fhéadfá píosa a scríobh ar Nelson Mandela agus **an tsárobair** a rinne sé ar mhaithe le **cothromaíocht** a fháil san Afraic Theas. Tá sárobair déanta aige thar na blianta.

Rónán: Sin smaoineamh ar dóigh! Beidh go leor le scríobh agat ar an bhfear iontach sin. Go n-éirí leat!

Brenda: Slán, a Rónáin!

Rónán: Slán agat go fóill.

Comhrá a Dó

An chéad mhír

Cáit: Ó, haló, a Phóil.

Pól: Haló, a Cháit?

driving test

Pól: Bhuel, conas a d'éirigh leat i **do thriail tiomána**?

Cáit: D'éirigh liom, a Phóil!

Pól: Nár laga Dia thú, a Cháitín! Comhghairdeas!

I'm telling you!

Cáit: Go raibh maith agat, a Phóil. Chuir sé an croí trasna orm, **mise á rá leat**. Bhí mé an-neirbhíseach ar fad. B'fhéidir go raibh trua ag an scrúdaitheoir dom.

Pól: Trua! Rinne tú éacht! Agus ar an gcéad iarracht! D'éirigh leat sa triail ar an gcéad iarracht. Níor éirigh liomsa ar mo chéad iarracht. Rinne mé an triail sin ceithre huaire sular éirigh liom.

Cáit: Ó, a chréatúir bhoicht! Mo thrua thú!

driving licence

Pól: Ná bí ag magadh fúm! Bhuel, beidh tú in ann **do cheadúnas tiomána** a fháil anois.

Cáit: Beidh, gan dabht!

An dara mír

that I need

Pól: An t-aon rud amháin **atá de dhíth ort** anois ná do charr féin.

Cáit: Mo charr féin! Ní bheidh fadhb agam leis sin.

Pól: Cén fáth?

Cáit: Bhuel, gheall m'athair dom go dtabharfadh sé carr dom mar bhronntanas ar mo bhreithlá.

Pól: Bronntanas! Carr mar bhronntanas! A thiarcais! Nach bhfuil an t-ádh dearg ortsa! Bhí orm mo charr féin a cheannach. Chaith mé na huaireanta ag obair mar **sclábhaí** (slave) thíos san óstán sin ar an mbaile chun carr a cheannach. Agus an **banphrionsa** (princess) Cáitín ...!

Cait: Éad. Éad, sin an méid! Mise an banphrionsa. Tusa an sclábhaí. Sin mar atá!

Pól: Há há há ... nach tusa atá glic!

Cuid C

Píosa a hAon

Tugadh déagóir, naoi mbliana déag d'aois, os comhair na cúirte i Luimneach inné, de bharr gadaíochta. Ghoid an déagóir mála ó bhean a bhí ag siúl i lár na cathrach, mí na Samhna seo caite. Gortaíodh an bhean san **ionsaí** (attack) agus chaith sí an oíche sin san ospidéal le pianta sa mhuineál agus sa ghualainn. Dúirt an Garda sa chúirt go raibh an déagóir i dtrioblóid cheana féin de bharr gadaíochta agus go raibh sí gan chlann agus **gan dídean**. (homeless)

Píosa a Dó

D'oscail Méara Chiarraí leabharlann bhreá nua i dTrá Lí le déanaí. Bhí slua mór i láthair ag an ócáid agus mhol gach duine **an spás geal taitneamhach** (the bright pleasant space) san fhoirgneamh nua seo. Beidh muintir na háite lánsásta leis na háiseanna sa leabharlann. Tá gach aon áis nua-aimseartha le fáil ann – an t-idirlíon, **leathanbhanda** (broadband) agus meaisín cóipeála, chomh maith le rogha leathan leabhar, dlúthdhioscaí agus irisleabhar do dhaoine fásta agus do pháistí agus do dhéagóirí.

Triail 2

Cuid A

Fógra a hAon

An bhfuil post samhraidh uait? An bhfuil Gaeilge líofa agat? Tá pobal Eascarrach ag lorg **ceannairí** do Champa Samhraidh Eascarrach an bhliain seo. Daoine os cionn ocht mbliana déag d'aois atá á lorg acu le líofacht i nGaeilge agus a bheith go maith ag obair le páistí. Má tá suim agat, cuir scairt ar an **ionad acmhainní**, Baile an Átha ar 074 9180571.

leaders

resource centre

Fógra a Dó

Beidh Seachtain na Gaeilge á seoladh i Halla an Chontae, Tamhlacht, Déardaoin, an séú lá de Mhárta. Tá na ticéid saor in aisce. Oíche den scoth atá geallta. Dáithí Ó Sé a bheas ina fhear tí agus beidh na rinceoirí Gaelacha Bastable Warren agus Rincedance i láthair freisin. Beidh ceiliúradh á dhéanamh ar **eisiúint** an dlúthdhiosca nua, *Ceol 08*, ar an oíche chomh maith. Fáilte roimh chách. Bí i dteagmháil ag orla@snag.ie

release

Cuid B

Comhrá a hAon

An chéad mhír

Ruán: Heileo, a Aoife, Ruán anseo!

Aoife: A Ruáin, cén chaoi a bhfuil tú? Aon scéal?

Ruán: Dea-scéal atá agam duit. Tá catagóir nua i gComórtais Liteartha an Oireachtais anois: blagáil trí mheán na Gaeilge! Ar chuala tú a leithéid riamh! Nach mbíonn blag á scríobh agat i nGaeilge ar an idirlíon le do chairde?

Aoife: Ó cinnte, bíonn blag á scríobh againn ar scoil mar chuid den idirbhliain. Aon rud atá ar siúl againn ar an gcúrsa, cuirimid suas ar an mblag é.

Ruán: Bhuel, míle euro don bhlag is fearr a bheas mar dhuais sa chomórtas.

Aoife: Ach ní bheidh seans ar bith againn. Imeachtaí na scoile agus na ndaltaí, cúrsaí spóirt, drámaí agus taisteal agus laethanta saoire: sin an méid **a bhíonn á phlé againn** ar an mblag ar scoil.

that we discuss

An dara mír

Ruán: Bain triail as! **Glacfar le** hiarratais go dtí an Mháirt, an chéad lá d'Iúil.

will be accepted

Aoife: An nglacfar le hábhar ar bith?

there is no limit

Ruán: **Níl aon srian** maidir le hábhair! Glactar le prós, filíocht, nuacht nó dialann ag plé le cúrsaí spóirt, ceol, drámaíocht nó scannánaíocht – ábhar ar bith!

Aoife: Bhuel, cuirfidh mé glaoch ar na cailíní eile – Sorcha, Cáit agus Síle. B'fhéidir go mbainfimid triail as.

Ruán: Maith an cailín! Ná déan dearmad orm nuair atá an duais buaite agat!

Aoife: Tóg go bog é, a Ruáin! Tá neart oibre ag teastáil roimh ré!

Ruán: Go n-éirí an t-ádh libh mar sin! Slán.

Aoife: Slán.

Comhrá a Dó

An chéad mhír

Eimhir: Heileo!

Pádraig: Heileo! Heileo! Pádraig anseo. Múch an diabhal torainn sin anois. **Cha chluinim focal** atá á rá agat!

I don't hear a word

Eimhir: Gabh mo leithscéal, a Phádraig. Bhí mé ag éisteacht le Raidió Fáilte!

Pádraig: Raidió Fáilte! Chuala mé **iomrá** orthu ach cha raibh mé riamh ag éisteacht leo.

talk of

Eimhir: Bhuel, is mór is fiú duit éisteacht. Bíonn Raidió Fáilte ar an aer seacht lá in aghaidh na seachtaine agus ó mhaidin go hoíche.

Pádraig: Goidé an sórt clár a bhíonn ar siúl ar an stáisiún sin?

every

Eimhir: Achan rud! Ceol, caint, comhluadar agus nuacht atá le fáil agus is féidir le héinne dul i dteagmháil leo ar an idirlíon. Éistim leis an gclár sin 'Snagcheol' ar a naoi le Robert McMillen. Is aoibhinn liom é.

An dara mír

Pádraig: Ach an dóigh leat go mbíonn mórán daoine, taobh amuigh de mhuintir na Gaeltachta, ag éisteacht leis an stáisiún sin, ar chor ar bith?

Eimhir: Cinnte, éisteann muintir na Gaeltachta leis an stáisiún ach is stáisiún raidió pobail Gaeilge Bhéal Feirste é i ndáiríre agus is orthu siúd a fhreastalaíonn an stáisiún go speisialta.

Pádraig: An bhfuil oifigí acu anseo sa chathair?

Eimhir: Cinnte, tá. Craoltar an stáisiún ó Chultúrlann McAdam Ó Fiaich, Bóthar na bhFál, Béal Feirste, an áit ina bhfuil **an chultúrlann** sin.

the cultural centre

Pádraig: Ó, tuigim anois! Bhí mé ann anuraidh. Bhí oíche cheoil thraidisiúnta ar siúl ann.

Eimhir: Bhuel, ar aghaidh leat ansin, gealltar fáilte mhór roimh achan duine a bhfuil suim acu sa stáisiún!

Pádraig: Há há há ... nach tusa atá cliste!

Cuid C

Píosa a hAon

Úlla, piorraí, bananaí, uisce agus bainne, sin an bia a bhí ar bhiachlár na ndaltaí scoile in Indreabhán, Contae na Gaillimhe le déanaí. Mar chuid d'fheachtas **bia folláin**, thug Siopa an Phobail in Indreabhán, torthaí, bainne agus uisce do mhíle agus dhá chéad dalta scoile sa cheantar. Bhain na páistí an-taitneamh as an mbronntanas bia seo agus iad lán de spiorad agus spraoi ag dul ar ais go dtí na seomraí ranga. Cuireadh **saineolaí** bia chuig scoileanna **mar chuid den fheachtas** chomh maith chun eolas a thabhairt do na daltaí.

healthy food

as part of a campaign

Píosa a Dó

Is iad Foireann Scoil Náisiúnta na Rinne a thug leo an corn ag Féile Ghael-Linn 2008. Bhí an lucht féachana agus na himreoirí, dar ndóigh, ar bís nuair a chuaigh an cluiche go breis ama faoi dhó. Coláiste na Rinne sna Déise a bhí mar ionad don ócáid i mbliana. Bhí na páistí ag imirt i gcoinne Scoil Eoin Baiste ó Chontae Chiarraí sa chraobh. Cluiche **den scoth** a bhí ann agus ní raibh ach pointe amháin idir na foirne ag an deireadh. Bhronn fear ó Ghael-Linn an corn ar chaptaen na foirne.

excellent

Triail 3

Cuid A

Fógra a hAon

Tá Pléaráca Chonamara **ag reáchtáil** cruinniú poiblí Dé Luain 21ú lá Feabhra. Beidh an cruinniú ar siúl in Áras Mháirtín Uí Chadhain ar an gCeathrú Rua agus beidh sé ag tosú ar a seacht a chlog. Eagraíonn Pléaráca imeachtaí éagsúla gach uile bhliain, ranganna damhsa, seisiúin cheoil agus an fhéile féin, Féile Phléaráca Chonamara, san áireamh.

organising

Fógra a Dó

Seo fógra faoi chúrsaí teanga a bheidh ar siúl i gColáiste na Rosann, Anagaire, Leitir Ceanainn, Co. Dhún na nGall. Bíonn cúrsaí 5 lá do pháistí bunscoile ar siúl gach seachtain, ón Luan go dtí an Aoine, le linn mhí an Mheithimh agus Bealtaine. Gach eolas ón oifig ag 074 9548562. Praghas ar chúig lá: €325 an dalta.

Cuid B

Comhrá a hAon

An chéad mhír

Seán: Heileo, a Mháire! Seán anseo. Cén chaoi a bhfuil tú?

Máire: Beo ar éigean. Bhí cluiche camógaíochta ar siúl againn inniu. Tá mé **spíonta!**

exhausted

Seán: Ó, agus cén chaoi ar éirigh libh?

Máire: Bhuel, bhí an bua againn, buíochas mór le Dia! Cinnte, ní bheimid ag gabháil buíochais le Siún Ní Néill!

Seán: Siún Ní Néill! Céard atá mícheart le Siún Ní Néill? An ndearna sí botún sa chluiche?

Máire: Botún! Botún mór millteach! Bhí muid chun tosaigh ag leath ama. Ní raibh an fhoireann eile ag imirt go maith. Bhí an liathróid againn don chuid is mó den chéad leath. Bhí muid sona sásta sa seomra gléasta ag leath ama agus lánchinnte go mbeadh muid sa chraobh an tseachtain seo chugainn.

Seán: Sin iontach. Céard a tharla ansin?

Máire: Chuaigh muid amach agus thosaigh muid ag imirt sa dara leath. Bhí an liathróid againn. Fuair muid cúl. Lean an cluiche ar aghaidh. Fuair mise an liathróid, chuir mé ar aghaidh go hAoife í agus ansin go Siún Ní Néill ... agus ansin tharla sé!

An dara mír

Seán: Céard a tharla, in ainm Dé?

Máire: Fuair sí cúl, ceart go leor ach ...!

Seán: Ó.. ná habair é!

Máire: Fuair sí cúl ... cúl don fhoireann eile!

Seán: Ó, Siún bhocht! Bheadh náire an domhain uirthi!

Máire: Siún bhocht? **Céard fúinne? Thit an lug ar an lag** ansin agus thosaigh muid go léir ag déanamh botún.

What about us?

things fell apart

Seán: Ach **ghnóthaigh sibh** an cluiche, nár ghnóthaigh?

you won

Máire: Ghnóthaigh muid an cluiche ... ach ... ach

Seán: Bhuel. Go n-éirí libh sa chraobh, mar sin. Tá mise ag dul anois. Tá *date* agam anocht sa phictiúrlann!

Máire: *Date*! Cé hí an cailín?

Seán: Siún Ní Néill ...!

Comhrá a Dó

An chéad mhír

Sorcha: Bhuel, a Phóil, **goidé mar a d'éirigh leat** sa pháipéar mata ar maidin?

how did you get on?/conas a d'éirigh leat?

Pól: Ó, ná bí ag cur isteach orm. Rinne mé praiseach cheart de agus sin fíor.

Sorcha: Pól bocht. Cad a tharla, in ainm Dé?

Pól: Níor éirigh liom ach trí cheist ar fad a dhéanamh.

Sorcha: Trí cheist! Bhí i bhfad níos mó ná sin le déanamh againn! Nach raibh a fhios agat faoi sin?

Pól: Bhí. Nach bhfuil tú ag éisteacht liom ar chor ar bith? Chaith mé an iomarca ama ar an chéad cheann mar bhí sé ar eolas agam. Rinne mé dhá cheann eile ina dhiaidh sin. Ach b'in é. Ní raibh mé in ann ceist eile a thuiscint beag ná mór.

Sorcha: Bhuel, ní bhíonn ach leathuair le caitheamh agat ar achan cheist. Ach ná bac leis. B'fhéidir nach raibh sé leath chomh dona is a cheapann tú anois.

An dara mír

Pól: Sin fíor. Bhí sé i bhfad níos measa! Cad atá againn amárach?

Sorcha: Mata arís! Páipéar a Dó.

Pól: In ainm Dé, ní bheidh seans dá laghad agam leis an bpáipéar sin!

Sorcha: Tóg go bog é! Suigh síos agus lig do scíth ar feadh uair nó dhó.

Pól: Ó, an-smaoineamh go deo! Níl **puinn** ar eolas agam agus cén plean atá agatsa ach mo scíth a ligint!

not much

Sorcha: Éist liom, in ainm Dé!

Pól: Sin é go díreach! Tá paidir ag teastáil uaim!

Sorcha: Bhuel, ní dochar ar bith é a rá! Mar a dúirt mé cheana, lig do scíth agus ansin téigh ar ais tríd na samplaí a thug an múinteoir dúinn mí na Bealtaine agus ansin téigh a chodladh.

Pól: Tuigim anois. Tá an ceart agat. Ligfidh mé mo scíth. Rachaidh mé tríd na nótaí agus ansin beidh codladh sámh agam. Go raibh míle maith agat, a Shorcha! Ar aghaidh liom. Tá go leor le déanamh agam anocht!

Cuid C

Píosa a hAon

Eagraíonn Oireachtas na Gaeilge raon leathan imeachtaí i rith na bliana chun na healaíona dúchasacha-amhránaíocht, ceol, rince, agus drámaíochta-cheiliúradh. Beidh Oireachtas na Samhna ar siúl i gCorcaigh i mbliana. Óstán Rochestown Park a bheidh mar ionad don ócáid. Tosnóidh na himeachtaí ar an gCéadaoin, an naoú lá is fiche Deireadh Fómhair agus críochnóidh gach rud ar an Aoine.

Píosa a Dó

Seo dea-scéal do dhaoine óga. Tá stáisiún raidió nua do Ghaeilgeoirí ar an idirlíon anois. Raidió Rí-Rá is teideal don stáisiún raidió nua seo. Popcheol a bhíonn ar siúl ar Rí-Rá. Ní sheinneann siad ach **na hamhráin is mó a bhfuil tóir orthu.** Tá suíomh gréasáin acu atá lán d'imeachtaí agus de phopnuacht agus is féidir iarratas a chur isteach chucu chomh maith. **Craoltar na cláir** trí mheán na Gaeilge agus is í an Ghaeilge atá in úsáid acu ar an suíomh idirlín.

the most popular songs

the programmes are broadcast

3 An Cheapadóireacht

Aidhmeanna

- Go mbeidh tú níos compordaí le struchtúr na ceapadóireachta.
- Go mbeidh foclóir níos fairsinge agat agus tú ag tabhairt faoin gceist seo agus faoi cheisteanna eile sa scrúdú.
- Go dtabharfaidh tú faoi deara an nasc idir gach ceist ar an bpáipéar – is é sin go mbeidh an foclóir a d'fhoghlaim tú don scrúdú béil, don chluastuiscint, srl, an-áisiúil anseo.

Treoracha

Ullmhúchán

- This question is worth **100 marks (16.66%)**.
- It is undoubtedly the **most important written question**, as not only does it carry the greater proportion of marks in the written exam, but it is also your chance to impress the examiner with your competence in Irish.
- As in any language, to improve writing skills, it is recommended to **read, listen** and, of course, **practise writing and speaking Irish.**
- **Note** that preparation for other sections of the examination will also greatly help you when answering this question. Much of the material covered in preparation for the *Scrúdú Cainte, Léamhthuiscint* and *Cluastuiscint*, for example, will be of benefit.
- Students will have a choice here. **One** question must be answered from the following headings: *aiste* (essay), *díospóireacht* (debate) **nó** *óráid* (speech), *alt nuachtáin/irise* (newspaper/magazine article), *blag* (blog), *tuairisc* (report) or *scéal* (story).
- You are asked to write approximately **600 words** (three A4 pages) on **one** of the above headings.
- The style of writing for most of the above headings will be quite similar, with the exception of the ***scéal*, which will demand good imagination and creative writing skills**.
- From each exercise you have completed at home/in school and that has been corrected by your teacher, choose five to ten mistakes, put them in a list and use this to check you have not made the same mistakes in the next exercise.
- Titles of essays are often written in the *Tuiseal Ginideach*, e.g. *Tionchar na **nDrugaí** ar Shaol an Lae Inniu, Tábhacht an **Spóirt** i Saol an Duine*, etc.

As explained in Caibidil 8, when two nouns come together and are related, the second noun will be in the *Tuiseal Ginideach*. **It is important to note, however, that for the most part in your writing, when you are talking about drugs, sport, etc. you will be using the *Tuiseal Ainmneach* of the noun, i.e. *drugaí, an spórt*, etc.**

Pleanáil agus scríobh

Treoracha

- When planning your essay, story, etc., it is very important that you **understand the meaning of the title or topic** and that your plan (*obair gharbh*) shows evidence of this.
- Whatever written exercise you choose will require a ***tús/réamhrá*** (beginning/introduction), ***lár*** (middle) that include key points, and a ***críoch*** (ending).
- When you have chosen the topic, **write the chosen title in your exam book and make sure to spell it correctly**. Remember – a missing letter or síniú fada may change the meaning of a word, e.g. *ba* = cows, but *bá* = sympathy!
- **Be consistent in your introduction and your points.** If you are discussing a certain point in a paragraph, do not change point in the same paragraph or contradict what you have already said. If you are discussing two sides of the argument, however, use phrases to show this, e.g. *ar an lámh eile, áfach* (on the other hand, however), *mar sin féin* (that said), etc.
- Where possible, **try to vary your vocabulary throughout and avoid repetition**. If, for example, you are saying *because of that* ..., you can say *dá bhrí sin, dá bharr sin, mar gheall air sin,* etc. This shows a greater wealth of vocabulary and makes the written piece more interesting.

Cuimhnigh!

Roghnaigh teideal a thuigeann tú.
Scríobh an teideal sin go soiléir agus gan bhotún ar bharr an leathanaigh.
Déan plean – tús, lár, críoch.

Nathanna úsáideacha don cheapadóireacht

Treoracha

Tá nathanna anseo a bheadh oiriúnach duit agus tú ag scríobh faoi aon cheann de na teidil thuas. Tá stíl beagáinín difriúil ag teastáil le haghaidh na díospóireachta, ach bainfidh tú úsáid as an-chuid de na frásaí céanna inti. (Féach ar na nótaí don díospóireacht thíos.)

Tús

- Nuair a chonaic mé teideal na haiste seo i dtosach, chuir sé ag smaoineamh mé. (*When I saw the title of this essay at first, it made me think.*)
- Céard atá i gceist leis an ráiteas/teideal seo? (*What is meant by this statement/title?*)
- Is éard brí leis i mo thuairim ná ... (*What it means in my opinion is ...*)
- Ceapaim/Sílim/Measaim féin go/nach ... (*I think that ...*)
- Níl aon amhras ach go/nach ... (*There is no doubt that ...*)
- Is ábhar conspóideach é seo, gan amhras. (*This is undoubtedly a controversial subject.*)
- Creidtear go forleathan go ... (*It is widely believed that ...*)
- Níl lá dá dtéann thart nach gcloistear nó nach bhfeictear tagairt éigin don ábhar seo sna meáin. (*A day does not pass that we don't hear or see a reference to this subject in the media.*)
- Níos minice ná a mhalairt (*More often than not*)
- Tá dhá insint ar gach scéal agus ní haon eisceacht é an scéal seo. (*There are two sides to every story and this is no exception.*)

Pointí sa Lár

- Ar an gcéad dul síos (*First of all*)
- Chomh maith leis sin/Anuas air sin (*As well as that/On top of that*)
- Ar an lámh eile, áfach (*On the other hand, however*)
- Faraor, ní mar sin atá sé (*Alas, it's not like that*)
- De réir na staitisticí is déanaí ón Roinn ... (*According to the latest statistics from the Department of ...*)
- De réir suirbhé a rinneadh le fíordhéanaí, léiríodh go/gur ... (*According to a survey carried out very recently, it was shown that ...*)
- De réir dealraimh (*From all appearances/it would appear*)
- Ní mar a shíltear a bítear, áfach (*Things are not always as they seem, however*)
- A mhalairt ar fad atá fíor (*The complete opposite is true*)
- Is minic a fheicimid ... (*We often see ...*)

- Is annamh a chloisimid aon rud eile na laethanta seo ach ... (*We rarely hear anything these days but ...*)
- Nach bhfuilimid go léir tinn tuirseach de ... (*Aren't we all sick and tired of ...*)
- Dar leis na saineolaithe (*According to the experts*)
- I mbliana (*This year*)
- I láthair na huaire/Faoi láthair (*At present*)
- Sa lá atá inniu ann (*In the present day/these days*)
- De réir a chéile (*Gradually*)
- Teipeann ar an gcóras freastal ar ... (*The system fails to serve ...*)
- Éiríonn go geal leis an gcóras dul i ngleic leis na fadhbanna (*The system succeeds well in dealing with the problems*)
- Is ag magadh fúinn atá an Rialtas, dar liom féin (*I think the Government is joking us*)
- Ní féidir a shéanadh go ... (*You can't deny that ...*)
- Caithfidh mé a admháil go/nach ... (*I must admit that ...*)
- Go leor/dóthain (*Enough*)
- An iomarca (*Too much*)
- An domhan uilig/an domhan go léir (*The entire world*)
- Leagann sé seo béim ar cé chomh tábhachtach agus atá sé ... (*This emphasises how important it is to ...*)
- Nochtann na fíricí sin go ... (*Those facts reveal that ...*)
- Léiríonn an méid sin go ... (*This shows that ...*)
- In umar na haimléise (*In the depths of despair*)
- In ísle brí (*sad/depressed/in despair*)
- Ina ainneoin sin (*Despite that*)
- Ní hamháin sin ach ... (*Not only that but ...*)
- Is léir don dall (*It is clear to the blind*)
- Mar is eol do chách (*As everyone knows*)
- Tá a fhios ag madraí na sráide go ... (*The dogs in the street know that ...*)
- Feictear é seo go laethúil (*This is seen on a daily basis*)
- Lá i ndiaidh lae (*Day after day*)
- Bliain i ndiaidh bliana (*Year after year*)
- Feictear na daoine seo ar fud an domhain/ar fud na cruinne (*These people are seen all over the world*)
- Is ag dul in olcas atá sé (*It is getting worse*)
- Níl aon amhras ach go bhfuil feabhas mór tagtha ar ... (*There is no doubt but there has been a great improvement in ...*)
- Caithfear a bheith macánta faoi. (*We must be honest about it.*)
- Is ag snámh in aghaidh easa atá siad. (*They are swimming against the tide – trying to do the impossible.*)

- Tá an iomarca béime ar ... in Éirinn (*There is too much emphasis on ... in Ireland*)
- Deirtear go minic go ... (*It is often said that ...*)

Críoch

- Mar a luaigh mé thuas (*As I mentioned above*)
- Caithfear teacht ar réiteach ar an bhfadhb seo gan mhoill, nó beidh sé ródhéanach (*A solution to this problem must be found without delay or it will be too late*)
- Is fearr déanach ná choíche (*It's better late than never*)
- Is de réir a chéile a thógtar na caisleáin (*Rome wasn't built in a day*)
- Cruthaíonn sé seo go léir ... (*All of this proves that ...*)
- Léiríonn an méid seo ... (*All of this shows that ...*)
- Tá dul chun cinn mór le déanamh fós (*There is still a lot of progress to be made*)
- Tá gá le cur chuige nua chun dul i ngleic leis an bhfadhb seo, dar liom féin (*A new approach is needed to deal with this problem, in my opinion*)
- Tá mé céad faoin gcéad cinnte nach ... (*I am 100% sure that ...*)
- Caithfimid ár ndícheall a dhéanamh (*We must do our best*)
- Ní mór do pholaiteoirí iarracht a dhéanamh ... (*Politicians must try...*)
- Tá sé in am dúinn go léir an fód a sheasamh (*It is time for all of us to stand our ground*)
- Tá an fhadhb seo ag goilliúint ar an gcine daonna leis na cianta, tá sí linn go fóill agus, i mo thuairimse, beidh sé linn go ceann i bhfad (*This problem has been distressing the human race for many years, it is still with us and, in my opinion, it will be with us for a long time to come*)

Aiste shamplach

Ní deas é an bealach a gcaitear le daoine gan dídean in Éirinn

Is ceist **an-chonspóideach** í ceist na ndaoine gan dídean in Éirinn na laethanta seo. Níl lá dá dtéann thart nach gcloistear nó ná bhfeictear rud éigin faoin ábhar seo sna meáin chumarsáide. 'Séard atá i gceist le duine gan dídean ná duine nach bhfuil teach cónaithe **buan** nó **rialta** aige/aici. Den chuid is mó, ní bhíonn **na hacmhainní** ag an duine sin leaba na hoíche a chur ar fáil dó féin agus mar sin bíonn air/uirthi codladh ar shráideanna nó i bh**fothain an stáit**. Tarlaíonn sé seo ar go leor cúiseanna. Ar an gcéad dul síos, cailleann daoine a gcuid airgid go léir agus is minic a chailleann siad teagmháil lena dteaghlaigh agus a gcairde chomh maith. San aiste seo, breathnóimid go géar ar shaol na ndaoine seo sa lá atá inniu ann agus ar an gcaoi a gcaitear leo inár dtír féin.

very controversial

permanent

regular

the resources

state shelters

Deirtear go minic go bhféadfadh le haon duine a bheith fágtha gan dídean. Mar is eol do chách, nuair a chailleann duine a phost mar shampla, is deacair dó/di **morgáistí** agus costais mhaireachtála arda eile a íoc. Cruthaíonn sé seo deacrachtaí ollmhóra do dhaoine agus is minic a théann siad i muinín na ndrugaí nó an alcóil chun déileáil leis an n**géarchéim** seo ina saoil. Is minic a chasann a dteaghlaigh féin droim orthu mar gheall air seo agus gan mhoill, fágtar iad gan dídean. Tá dhá thaobh leis an scéal seo gan dabht. D'fhéadfaí an **milleán** iomlán a chur ar an duine féin as a bheith míchiallmhar ach **caithfear a aithint** freisin gur **íobartaigh** den tsochaí iad na daoine seo freisin agus go bhfuil orainn gach tacaíocht a thabhairt dóibh an saol seo a sheachaint. *Ní neart go cur le chéile*, mar a deirtear.

mortgages
crisis
blame
it must be recognised
victims

Déarfadh an rialtas gan amhras go gcuirtear **foscadh** ar fáil do gach duine gan dídean i bpríomhchathracha na tíre sa lá atá inniu ann. Déarfaidis chomh maith go bhfuil an foscadh sin glan, te agus sábháilte. Cén fáth mar sin nach mbaineann na daoine bochta seo ar fad úsáid as? D'fhreagródh cuid mhaith de na daoine féin go mbíonn scanradh an domhain orthu dul **i ngiorracht** na n-áiteanna seo toisc gur áit **bhagrach**, chontúirteach é an foscadh go minic agus nach mothaíonn siad sábháilte ann ar chor ar bith. I mo thuairim féin ba chóir don rialtas níos mó infheistíochta a dhéanamh san fhadhb seo agus daoine a fhostú chun **slándáil** a chur chun cinn sna hionaid foscaidh. I ndeireadh na dála nach cur amú airgid agus ama é an tseirbhís seo a chur ar fáil agus gan í a bheith in úsáid. Táim lán chinnte nach mbíonn saol na sráide pioc níos sábháilte ná na hionaid foscaidh, ach ní bhíonn an dara rogha ag daoine go minic. *Marbh ag tae agus marbh gan é,* mar a deir an seanfhocal.

shelter
close to
threatening
security

Bíonn na meáin chumarsáide líon lán de scéalta faoin gcruatan a fhulaingíonn daoine gan dídean na laethanta seo. Go hiondúil ní bhíonn meas madra ag an bpobal orthu agus ionsaítear iad go brúdúil uaireanta. Bíonn roinnt daoine gan dídean páirteach sa choiriúlacht chomh maith agus ní féidir é sin a shéanadh. Is brónach an scéal é uaireanta, áfach, nuair a fhaightear amach go mbriseann siad an dlí chun éalú ó shaol na sráide agus iad sásta dul isteach sa phríosúin.

Den chéad uair riamh, osclaíodh súile gach duine sa tír i mí na Samhna 2014 nuair a fuair Jonathon Corrie bás cúpla méadar ó Dháil Éireann. Chonacthas do dhaoine go mba ghnáth dhuine é le gnáth-theaghlach ach a chuaigh ar bhóthar a aimhleasa mar gheall ar a andúil drugaí. Gan amhras tugtar aird níos mó ar an bhfadhb seo atá de shíor againn inár sochaí ó shin i leith. Tá dearcadh nua ar dhaoine gan dídean sa tír seo ó shin.

Tá dream daoine gan dídean ann freisin nach bhfuil baint ar bith acu le domhan na ndrugaí ná na coiriúlachta. Is oibrithe iad cuid acu ach ní thuilleann siad go leor airgid le tithe a chur ar fáil dá dteaghlaigh. Fadhb atá ann le fada an lá i mBaile Atha Cliath ná **an ghéarchéim tithíochta**. Níl an stát in ann teacht i gcabhair ar roinnt mhaith de na daoine seo toisc nach bhfuil tithe acu dóibh. Sna cásanna seo íocann an stát as lóistín in óstáin do theaghlaigh. Mar is eol dúinn go léir, áfach, ní oireann an lóistín seo do pháistí nó do thuismitheoirí **ar bhonn fadtéarmach**. Ní réiteach fadtéarmach é in aon chor, teaghlach a bhrú isteach i seomra óstáin. Cuireann sé paiste sealadach ar fhadhb mhór na ndaoine gan dídean in Éirinn. Caithfear teacht ar réiteach níos fearr gan amhras.

the housing crisis

on a long-term basis

Mar fhocal scoir, is léir dúinn go bhfuil dhá insint ar an scéal seo. Tá daoine ann a chaitheann go dona agus go maith leis an mionlach seo in Éirinn. Cuir i gcás an *Peter McVerry Trust* agus Clann Shíomóin a dhéanann sárobair ar son na ndaoine gan dídean. Tá obair á déanamh ag an Stát le dul i ngleic leis an bhfadhb freisin, ach tá i bhfad níos mó le déanamh fós. *De réir a chéile a thógtar na caisleáin*, a deirtear.

An tAlt

Treoracha

The *alt* (newspaper or magazine article) requires a slightly different style than the *aiste*. However, much of the vocabulary, etc. studied for the *aiste* will also be of use for the *alt*. Usually for the *alt*, you are writing an article in response to something you have read, seen or heard, in a newspaper, magazine, on radio or television, and therefore you will be expected to make some reference to this in your *alt*.

Foclóir don alt

- Rinne mé agallamh le déanaí le ____________ agus d'inis sé/sí dom faoi ... (*I did an interview recently with __________ and he/she told me about ...*)
- Bhí sé de phribhléid agam agallamh a dhéanamh le déanaí le ... (*I had the privilege of doing an interview recently with ...*)
- Bhí an t-agallamh thar a bheith suimiúil agus tá súil agam go mbeidh mé in ann cur síos cruinn a dhéanamh ar an ábhar spéisiúil seo a bhí á phlé againn. (*The interview was most interesting and I hope that I will manage to give an accurate account of the subject we discussed.*)
- Labhraíomar faoi ... (*We spoke about ...*)
- D'fhiafraigh mé de/di ... (*I asked him/her about ...*)
- Dar leis/léi ... (*According to him/her ...*)
- Creideann sé/sí go ... (*He/she believes that ...*)
- Léigh mé alt sa nuachtán áitiúil le déanaí faoi ... (*I read an article recently in the local paper about ...*)
- Chuir an t-alt sin díomá/fearg/áthas an domhain orm agus spreag sé mé chun m'alt féin a scríobh. (*That article made me feel very disappointed/angry/happy and it inspired me to write my own article.*)
- Thug mé cuairt ar _________ le déanaí agus bhí radharc dochreidte os mo chomhair amach. (*I visited ____________ recently and there was an unbelievable sight/view in front of me.*)
- Chuir sé ionadh an domhain orm a chloisteáil go/gur ... (*It greatly surprised me to hear that ...*)
- Chuir an radharc a chonaic mé uafás orm ... (*What I saw horrified me ...*)
- Ag deireadh an agallaimh/I ndeireadh an agallaimh ... (*At the end of the interview ...*)
- Ba mhaith liom mo bhuíochas a ghabháil le _________ as a chuid/cuid ama a thabhairt dom/an deis a thabhairt dom an t-agallamh seo a dhéanamh leis/léi. (*I would like to thank ________ for giving me his/her time/the opportunity to do this interview with him/her.*)

An Díospóireacht

Treoracha

Here, you are writing a speech for a debate, so you must try to convince your audience (the examiner) to agree with your side of the argument. The main difference when doing this question is that you cannot discuss both sides of the argument. **You must decide if you are for or against the motion and remain so throughout your speech.**

Is féidir an tús agus an chríoch thíos a chur le díospóireacht ar bith. **Ná déan dearmad go mbeidh tú in ann na frásaí le haghaidh na haiste a úsáid le haghaidh na díospóireachta freisin.**

Cuimhnigh!

Roghnaigh taobh amháin den argóint/rún agus cloígh leis.

Tús

A Chathaoirligh, a mholtóirí, a lucht an fhreasúra agus a dhaoine uaisle,

Is mise X agus táim go huile 's go hiomlán i bhfabhar/i gcoinne an rúin seo **ar chúiseanna suntasacha**, a mhíneoidh mé anois. **Cruthóidh** m'fhoireann agus mé féin daoibh nach bhfuil aon fhírinne sa mhéid atá le rá ag **lucht an fhreasúra.**

Labhróidh mé anois faoi _______, _______ agus _______ agus táim lánchinnte nach mbeidh aon amhras oraibh **ag deireadh na hóráide seo** ach go/nach ...

- for valid reasons
- will prove
- those in the opposition
- at the end of this speech

You may also decide to assume the role of captain of the debating team, in which case you may introduce the other team members and give a list of their arguments, for example –

Is mise captaen na foirne agus ba mhaith liom anois **mo chomhchainteoirí a chur in aithne daoibh.** In aice liom, tá Niamh agus labhróidh sise faoi A, B agus C. Labhróidh Gearóid ansin faoi D, E agus F agus beidh mé féin ag caint faoi ...

- I would like to introduce you to my team members

Nathanna cainte don lár

- Tá dul amú iomlán ort, a Chiaráin, nuair a deir tú ... (*You are totally wrong, Ciarán, when you say ...*)
- Cén sórt seafóide é sin, a Róisín? Nach bhfuil a fhios agat go/nach ...? (*What kind of nonsense is that, Róisín? Don't you know that ...?*)
- An bhfuil tú ag magadh fúinn, a Laoise? Nach bhfuil cloiste agat faoi ...? (*Are you joking us, Laoise? Haven't you heard about ...?*)
- Ní aontaím leat ar chor ar bith, a Phádraig. Dúirt tú go/nach ..., ach níl sé sin fíor in aon chor (*I don't agree with you at all, Pádraig. You said that ..., but that's not true at all*)
- Cén mhaitheas a bheith ag caint, a Shíle? Caithfear rud éigin a dhéanamh faoin bhfadhb. (*Where's the good in talking, Síle? Something must be done about the problem.*)

Críoch

A Chathaoirligh, a mholtóirí, a lucht an fhreasúra agus a dhaoine uaisle,

Táim tagtha go dtí deireadh mo chuid cainte agus tá súil agam go bhfuil sibh uilig **ar aon intinn liom** ag an bpointe seo nuair a deirim go/nach ...

in agreement with me

Sula gcríochnóidh mé, áfach, ba mhaith liom mo bhuíochas a ghabháil libh as an éisteacht chineálta a thug sibh dom.

Go raibh míle maith agaibh.

An Óráid

Treoracha

The *óráid* (speech) is slightly different from the *díospóireacht*. In both of these you are asked to write a speech for a group of people. However, in the *óráid*, you are simply asked to prepare a speech on a certain subject. **You are not asked to argue the point. This means you are free to speak/write on the subject as you wish (like the *aiste*).**

Tá tús agus críoch anseo a bheadh oiriúnach d'óráid ar bith. Téigh ar ais go dtí na nótaí ar an aiste chun cabhrú leat lár na hóráide a ullmhú.

Tús

A phríomhoide, a mhúinteoirí agus a chomhdhaltaí go léir,

is mise X agus tá áthas orm seasamh os bhur gcomhair inniu/anocht. Caithfidh mé a rá, áfach, go bhfuilim beagáinín neirbhíseach agus mar sin iarraim oraibh a bheith tuisceanach agus foighneach liom. Tá suim mhór/phearsanta agam san ábhar seo **le fada an lá** ...

for a long time now

Críoch

A phríomhoide, a mhúinteoirí agus a chomhdhaltaí,

táim tagtha go dtí deireadh mo chuid cainte. Tá súil agam gur bhain sibh taitneamh agus tairbhe as a raibh le rá agam. Ba mhaith liom mo bhuíochas a ghabháil libh as an éisteacht chineálta a thug sibh dom. Go raibh míle maith agaibh.

Ábhair don cheapadóireacht

Tá foclóir anseo a chabhróidh leat agus tú ag ullmhú don cheapadóireacht, don léamhthuiscint, don scrúdú béil agus don chluastuiscint.

1. Cúrsaí oideachais

Tá foclóir a bhaineann le cúrsaí oideachais i gCaibidil 1, leathanaigh 28–31 freisin.

an chéad, an dara, an tríú leibhéal	*first, second, third level*
gan léamh ná scríobh	*illiterate*
neamhlitearthacht	*illiteracy*
rogha leathan	*wide choice*
róchúng	*too narrow*
brú na scrúduithe	*the pressure of examinations*
measúchán leanúnach	*continuous assessment*
An tSraith Shóisearach	*the Junior Cycle*
An Ardteist	*the Leaving Cert*
Measúnú rangbhunaithe	*Classroom-based assessment*
deacrachtaí foghlama	*learning difficulties*
córas smachta	*discipline system*
imithe ó smacht	*gone out of control*
taighde	*research*
fadhb fhorleathan	*a widespread problem*
inmholta	*recommended*
acadúil	*academic*
deis	*opportunity*
dearcadh	*outlook*
drochbhail	*poor state*
cothrom na féinne	*fair play*
éirimiúil	*intelligent*
gairmthreoir	*career guidance*
teangacha	*languages*
táillí	*fees*
an iomarca béime	*too much emphasis*
cumas acadúil	*academic ability*

iomlánú mar dhuine	*developing as a person*
milleán	*blame*
caidreamh	*relationship*
stádas	*status*
an cúlú eacnamaíochta	*the economic recession*
ilchultúrachas	*multiculturalism*
bulaíocht/maistíneacht	*bullying*
cibearbhulaíocht	*cyberbullying*
iomaíocht	*competitiveness*
scoileanna speisialta	*special schools*
páistí a bhfuil míchumais orthu	*children with disabilities*
éigeantach	*compulsory*
níl sé ceart ná cóir	*it is not fair at all*

2. An timpeallacht

truailliú na timpeallachta	*pollution of the environment*
truailliú ón trácht	*pollution from traffic*
truailliú núicléach	*nuclear pollution*
truailliú ceimiceach	*chemical pollution*
truailliú ó fheirmeacha	*pollution from farms*
truailliú ó bhruscar	*pollution from refuse*
truailliú torainn	*noise pollution*
téamh domhanda	*global warming*
an t-aerbhrat	*the atmosphere*
an iarmhairt cheaptha teasa	*the greenhouse effect*
an aeráid	*the climate*
athrú aeráide	*climate change*
an ciseal ózóin	*the ozone layer*
poll sa chiseal ózóin	*a hole in the ozone layer*
dromchla an domhain	*the surface of the earth*
mianadóireacht	*mining*
dé-ocsaíd charbóin	*carbon dioxide*
breosla ola	*oil fuel*
organáidí	*organisms*
i mbaol	*in danger*
an Mol Thuaidh	*the North Pole*
an Mol Theas	*the South Pole*
radaíocht ultraivialait	*ultraviolet radiation*
ailse	*cancer*
meánteocht	*average temperature*

dumpáil mhídhleathach	*illegal dumping*
míshláintiúil	*unhealthy*
ag milleadh/ag scriosadh	*destroying*
salachar	*dirt*
an tírdhreach	*the landscape*
géarchéim	*crisis*
acmhainní nádúrtha	*natural resources*
claochlú	*transformation*
dul chun cinn	*progress*
eisilteach	*effluent*
neamhchúram	*lack of care*
rachmas	*wealth*
a chaomhnú	*to preserve*
ciontach	*guilty*
bagairt	*a threat*
tubaistí nádúrtha	*natural disasters*
tuilte	*floods*
leac oighir ag leá	*ice melting*
soláthar uisce	*supply of water*
séarachas	*sewerage*
doirteadh ola BP	*BP oil spill*
ózónchairdiúil	*ozone friendly*
fuinneamh in-athnuaite	*renewable energy*
athchúrsáil	*recycling*
An Comhaontas Glas	*The Green Party*
An tAire Timpeallachta agus Fuinnimh	*The Minister for Energy and Environment*

3. Drugaí

drugaí dleathacha	*legal drugs*
drugaí mídhleathacha	*illegal drugs*
hearóin	*heroin*
haisis	*hash*
cóicín	*cocaine*
taibléid eacstaise	*ecstasy tablet*
mí-úsáid drugaí	*misuse of drugs*
andúileach/andúiligh	*addict/addicts*
mangairí drugaí	*drug pushers*
gafa	*addicted*
le fáil go forleathan	*widely available*
manglam	*a cocktail*
cathú	*temptation*
alcól	*alcohol*

líon na n-úsáideoirí ag méadú	*the number of users increasing*
fadhb an ólacháin i measc na n-óg	*the problem of drinking amongst young people*
siopa eischeadúnais	*off licence*
cártaí aitheantais	*ID cards*
cárta aitheantais bréagach	*fake ID card*
fochultúr na meisce	*the subculture of drunkenness*
póit	*hangover*
slí éalaithe	*a means of escape*
sciúirse	*a scourge*
ag briseadh an dlí	*breaking the law*
tá údar imní ann	*there's a cause for worry there*

4. Coiriúlacht/Foréigean

coir	*a crime*
brúidiúlacht	*brutality*
tionchar na ndrugaí	*the influence of drugs*
bíonn daoine sceimhlithe ina mbeatha	*people are terrified out of their minds*
gadaí/gadaithe	*thief/thieves*
éigniú	*rape*
téann daoine i muinín an fhoréigin	*people resort to violence*
ceantair bhochta	*poor areas*
dífhostaíocht	*unemployment*
éadóchas	*despair*
dúnmharú	*murder*
dronga coiriúla	*criminal gangs*
fuadach	*kidnapping*
sceimhlitheoireacht	*terrorism*
ciontach	*guilty*
na híobartaigh	*the victims*
téarma príosúin	*a prison term*
An Roinn Dlí agus Cirt	*The Department of Justice*

5. Ciníochas

ciníochas	*racism*
An tUileloscadh	*The Holocaust*
géarleanúint ar na Giúdaigh	*persecution of the Jews*
campaí géibhinn	*concentration camps*
neamhdhaonna	*inhuman*
sclábhaíocht	*slavery*
Meiriceá Theas	*South America*
An chinedheighilt san Afraic Theas	*apartheid in South Africa*

scanrúil	*frightening*
ionsuithe	*attacks*
na mionlaigh inár sochaí	*the minorities in our society*
ciníoch	*racist*
cineghlanadh	*ethnic cleansing*
tír ilchultúir	*multicultural country*
beo beathach	*alive and active*
imirce	*emigration*
inimirce	*immigration*
inimircigh	*immigrants*
teifigh	*refugees*
eachtrannaigh	*foreign people*
ag lorg déirce	*begging*
daoine gorma	*black people*
an lucht siúil	*Travellers*
stad-ionaid	*halting sites*
an pobal lonnaithe	*the settled community*
diúltach	*negative*
naimhdeach	*hostile*
cúrsaí creidimh	*religious matters*
Tuaisceart Éireann	*Northern Ireland*
Protastúnaigh	*Protestants*
Caitlicigh	*Catholics*
dearcadh polaitiúil	*political view*
dúnmharuithe ciníocha	*racist murders*
leatrom agus fuath	*injustice and hatred*
An Gorta Mór	*The Great Famine*
neamhaird	*lack of attention*
comhionannas	*equality*
caitear go dona le daoine	*people are treated badly*
An Roinn Cultúir, Oidhreachta agus Gaeltachta	*The Department of Culture, Heritage and the Gaeltacht*
an chéad Uachtarán gorm	*the first black President*

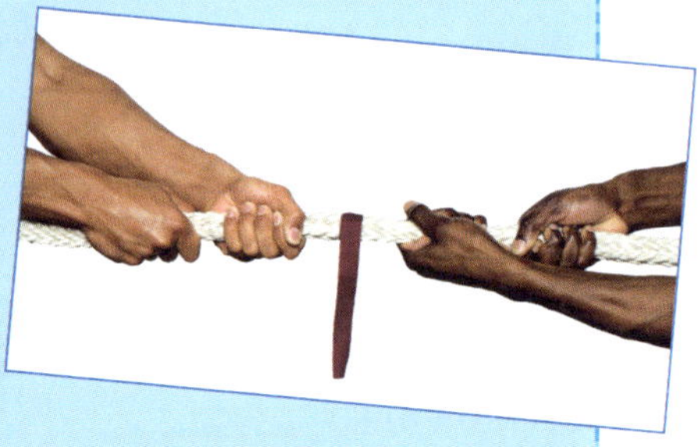

6. Bochtaineacht

daoine bochta	*poor people*
dóthain le n-ithe	*enough to eat*
ganntanas uisce	*a scarcity of water*
uisce truaillithe	*polluted water*
triomach	*drought*
An Tríú Domhan	*The Third World*
tíortha na hAfraice	*the African countries*

níl maoin an tsaoil roinnte go cothrom	*the wealth of the world is not evenly divided*
cumainn charthanachta	*charitable organisations*
Na Náisiúin Aontaithe	*The United Nations*
ag dul a luí ar bholg folamh	*going to bed on an empty stomach*
gan pingin rua	*without a cent*
plódcheantair/slumaí	*slums*
an daonra ag méadú	*the population increasing*
daoine plódaithe isteach ar a chéile	*people crowded in on top of one another*
daoine ag maireachtáil ar an ngannchuid	*people living in need*
gorta	*a famine*
drochthalamh	*bad land*
stiúgtha leis an ocras	*starving*
leas sóisialach	*social welfare*
daoine gan dídean	*homeless people*
gannchothú	*undernourishment*
cearta daonna	*human rights*
dínit an duine	*a person's dignity*
buinneach	*diarrhoea*
díhiodráitiú	*dehydration*
an t-íosphá a laghdú	*to reduce the minimum wage*
bagairt	*a threat*
ag fulaingt	*suffering*
galair mharfacha	*fatal diseases*
tuismitheoirí aonair	*single parents*
dífhostaithe	*unemployed*
ag éirí éadóchasach	*becoming despaired*
an geilleagar	*the economy*
cúlú eacnamaíochta	*recession*
ar an drochuair	*unfortunately*
práinneach	*urgent*

7. An Ghaeilge

teanga bheo	*living language*
teanga Cheilteach	*Celtic language*
ceann de na teangacha is ársa ar domhan	*one of the most ancient languages in the world*
cuid dár n-oidhreacht	*part of our heritage*
teanga dhúchais	*native language*
meath	*decline*
Na Péindlíthe	*Penal Laws*
athbheochan	*revival*

todhchaí na Gaeilge	*the future of Irish*
dátheangach	*bilingual*
ó ghlúin go glúin	*from generation to generation*
dearcadh dearfach/diúltach	*a positive/negative attitude*
méadú	*an increase*
cur chuige nua	*a new approach*
béim níos mó ar an teanga labhartha	*more emphasis on the spoken language*
daltaí a spreagadh chun Gaeilge a labhairt	*encouraging students to speak Irish*
nuachtáin/irisí Gaeilge	*Irish newspapers/magazines*
stáisiún teilifíse dá cuid féin	*a TV station of its own*
Raidió na Gaeltachta, TG4, Raidió na Life, srl	
Tionchar na meán ar an nGaeilge	*the influence of the media on Irish*
Gaeltachtaí agus canúintí	*Gaeltachts and dialects*
tuar mór dúchais	*a great sign of hope*
éileamh mór ar na cúrsaí Gaeilge	*great demand for Gaeltacht courses*
Coláistí Samhraidh	*Summer Colleges*
Gaelscoileanna agus suim sa chultúr	*Gaelscoileanna and interest in the culture*
naonraí	*Irish speaking pre-schools*
stádas breise san Aontas Eorpach	*extra status in the EU*

8. Tionscal na turasóireachta

tionscal domhanda	*a global industry*
an turasóireacht in Éirinn	*tourism in Ireland*
daoine ó chian is ó chóngar	*people from far and near*
íomhá na hÉireann thar lear	*the image of Ireland abroad*
pictiúr idéalach	*idealistic picture*
aer úr folláin	*fresh healthy air*
daoine cairdiúla fáilteacha	*friendly welcoming people*
timpeallacht ghlas ghlan	*a green, clean environment*
saibhreas dúlra	*a richness/wealth of nature*
praghsanna ísle/arda	*low/high prices*
an turasóir nua-aimseartha	*the modern tourist*
an-bhródúil as ár gcultúr	*very proud of our culture*
clú agus cáil idirnáisiúnta	*international fame and reputation*
tránna, lochanna agus aibhneacha glana	*clean beaches, lakes and rivers*
ag spaisteoireacht ar fud na tuaithe	*wandering around the countryside*
ag dreapadóireacht ar na sléibhte	*climbing mountains*
praghas an taistil agus na siamsaíochta	*the price of travel and entertainment*

ní tír ísealchostais í Éire a thuilleadh	*Ireland is no longer a cheap country*
ardú millteanach ar phraghsanna lóistín, bia agus dí	*a terrible increase in the prices of accomodation, food and drink*
áit chostasach í le saoire a chaitheamh inti	*it's an expensive place to spend a holiday*
ár n-acmhainní nádúrtha	*our natural resources*
ag brath go mór ar	*greatly depending on*
tír shlán shábháilte	*a safe country*
fadhbanna sóisialta	*social problems*
ionsuithe ciníocha	*racist attacks*
an gnó a chaomhnú agus a shábháil	*to preserve and save the business*
turasóirí a mhealladh	*to attract tourists*
tarraingteach	*attractive*
Fáilte Ireland	*The Irish Tourism Board*

9. Daoine óga

glúin na todhchaí	*the generation of the future*
droch-cháil	*bad reputation*
brú ó na scrúduithe	*exam pressure*
piarbhrú/brú aoisghrúpa	*peer pressure*
easpa saoirse	*lack of freedom*
mionlach	*minority*
an t-aos óg	*young people*
an óige	*youth*
íomhá choirp	*body image*
neamhspleáchas	*independence*
cuirtear an milleán ar dhaoine óga	*young people are blamed*
tionchar na meán	*the influence of the media*
tuismitheoirí ag cur an iomarca brú orthu	*parents putting too much pressure on them*
otracht i measc na n-óg	*obesity in young people*
aiste bia míshláintiúil	*an unhealthy diet*
bialanna mearbhia/bialanna gasta	*fast food restaurants*
easpa muiníne	*lack of trust*
freagrach	*responsible*
obair pháirtaimseartha	*part-time work*
brú millteanach	*terrible pressure*
córas na bpointí	*points system*
scannalach	*scandalous*

íomhánna foréigneacha i gcluichí ríomhaireachta	*violent images in computer games*
fóin póca	*mobile phones*
téacsteachtaireacht a sheoladh	*to send a text message*
tobac a chaitheamh	*to smoke*
bulaíocht/maistíneacht	*bullying*
giuirléidí nua-aimseartha	*modern gadgets*
fadhbanna teaghlaigh	*family problems*
mainicíní	*models*
anaireicse	*anorexia*
féinmharú	*suicide*
leamhthuirse	*boredom*
caighdeán an-ard	*a very high standard*
na híomhánna a chuirtear os ár gcomhair	*the images that are portrayed to us*
lipéid aitheanta a chaitheamh	*to wear well-known labels*

10. Cúrsaí sláinte

bia sláintiúil	*healthy food*
aclaíocht	*fitness*
aiste bia sláintiúil	*a healthy diet*
béim ar shláinte an duine	*an emphasis on a person's health*
sláinte choirp	*body health*
sláinte mheabhrach	*mental health*
Seachtain na Sláinte agus na hAclaíochta	*Health and Fitness Week*
ranganna corpoideachais	*PE classes*
folláine	*wellbeing*
midheamhain/machnamh	*meditation*
an córas sláinte	*the health system*
oibrithe sláinte	*health workers*
géarchéim	*a crisis*
liostaí fada feithimh	*long waiting lists*
tralaithe	*trolleys*
daoine breoite	*sick people*
ailse	*cancer*
galar croí	*heart disease*
An tAire Sláinte	*The Minister for Health*
An Roinn Sláinte	*The Department of Health*
FSS	*The HSE*

An Scéal

Treoracha

- Many students choose to do the *scéal* in the exam instead of the more abstract or factual questions.
- A *scéal* is **fictional** in nature and is **mostly written in the *aimsir chaite*.**
- The *foclóir* and *nathanna cainte* required to write a good story will be very different to that of the *aiste*, etc.
- I do not recommend writing a *scéal* in the exam if you do not have experience of practising this question in class. ***It is important to show good imagination and creative writing skills in this question and these improve with practice.***
- A well-written story might have a *tús obann* (sudden beginning), a *casadh* (twist) and a *críoch mhaith* (good ending).
- Below are some phrases that may help you and give you an idea of the standard of language required for this question. While I recommend avoiding too much complication (where you do not have the vocabulary), I also see the need to prove a wide *saibhreas teanga* to gain higher marks in the *scéal*.

Foclóir agus nathanna cainte don scéal

Cuimhnigh!

Caithfidh tú samhlaíocht mhaith agus foclóir fhairsing a bheith agat chun toradh maith a fháil anseo.

- Níor chreid mé mo shúile (*I didn't believe my eyes*)
- Bhí sé díreach os mo chomhair (*He/it was just in front of me*)
- Sheas mé an fód (*I stood my ground*)
- Lig sí uirthi nach raibh eagla uirthi ach taobh istigh, bhí scanradh an domhain uirthi (*She pretended she wasn't afraid, but inside she was very frightened*)
- Rinne siad iarracht dallamullóg a chur orainn ach theip orthu (*They tried to fool us but they failed*)
- Rinne mé mo sheacht ndícheall cabhrú leis agus ar deireadh thiar d'éirigh liom greim láimhe a fháil air (*I did my very best to help him and in the end I succeeded in getting a grip of his hand*)
- Bhí mé i ndeireadh na feide ar fad faoin am seo (*I had given up at this stage*)
- Shantaigh sé an t-airgead (*He wanted/desired/coveted the money*)
- Lean mé orm ag stánadh air, agus súil agam go n-imeodh sé (*I continued staring at him/it hoping he/it would go*)
- D'imigh sí léi, na cosa in airde (*She left quickly*)
- Theip ar na coscáin, faraor, agus fuarthas an carr sa loch níos déanaí (*The brakes failed, alas, and the car was later found in a lake*)

- Ní raibh tásc ná tuairisc ar an mbeirt (*There was no sign of the two people*)
- Bhí sé ina luí ar an talamh gan aithne gan urlabhra (*He was lying on the ground unconscious*)
- Cuireadh fios ar na gardaí agus ar an otharcharr (*The gardaí and the ambulance were called*)
- Ba léir go raibh sí ag caoineadh sular tháinig sé isteach (*It was clear she was crying before he came in*)
- Mhothaigh mé mearbhall i mo cheann agus an chéad rud eile is cuimhin liom ná dochtúirí agus altraí ag breathnú anuas orm ag glaoch m'ainm (*I felt dizzy and the next thing I remember was doctors and nurses looking down at me calling my name*)
- Níor fhéad mé gan gáire a dhéanamh (*I couldn't stop myself laughing*)
- Labhair sé go borb liom (*He spoke abruptly to me*)
- Ní raibh a fhios agam ar chuala mé i gceart í (*I wasn't sure if I had heard her correctly*)
- Bhí sé dochreidte! (*It was unbelievable!*)
- Ní haon áibhéil a rá ... (*It is no exaggeration to say ...*)
- Lá arna mhárach (*The next day*)
- An tráthnóna dár gcionn (*The next evening*)
- I bpreabadh na súl, bhí sé bailithe leis (*In the blink of an eye, he/it was gone*)
- Bhí tocht i mo scornach nuair a chonaic mé é (*I felt a lump in my throat when I saw him/it*)
- Agus mé ar mo bhealach amach, chuala mé an screadaíl istigh (*As I was on my way out, I heard the screaming inside*)
- Cheap mé go raibh deireadh an domhain buailte linn! (*I thought the end of the world had come!*)
- Amach liom ar nós na gaoithe (*I went out as fast as the wind*)
- Cé a bhí romham amach ach ... (*Who was in front of me but ...*)
- Ní raibh sé in ann na deora a chosc (*He couldn't hold back the tears*)
- Bhreathnaigh sí amach ar an bhfarraige mhór agus í ag caoineadh go fras (*She looked out on the big sea and cried bitterly*)
- Bhí sé croíbhriste ach thuig sé go mbeadh air leanúint ar aghaidh dá bheirt pháiste (*He was heartbroken, but he knew he would have to continue on for his two children*)
- Dá mbeadh dea-ghiúmar ar mo mham, bhí a fhios agam go bhféadfainn ceist a chur uirthi (*If my mother was in good humour, I knew I would be able to ask her*)
- Gheall sé dom go bhfanfadh sé (*He promised me he would stay*)
- Ba mhian liom dul chomh fada leis agus rinne mé amhlaidh (*I wanted to go up to him and I did*)
- Níorbh fhada go bhfaca mé é ag druidim liom (*It wasn't long until I saw him/it approaching me*)

- Ciontaíodh é agus gearradh trí bliana príosúin air (*He was found guilty and sentenced to three years in prison*)
- Bhí an fhianaise curtha i bhfolach acu, ach tháinig na gardaí uirthi faoi dheireadh (*They had hidden the evidence, but the gardaí found it in the end*)
- Toisc go raibh mé i bhfad ón mbaile agus i dtír iasachta, mhothaigh mé beagáinín neirbhíseach (*Because I was far away from home and in a foreign country, I felt a little nervous*)
- I gciúnas marbh na hoíche (*In the dead silence of the night*)
- Bhí an chuma ar an scéal gur gnáthlá a bhí ann, ach ní mar sin a bhí (*It seemed to be a normal day but that's not how it was*)
- Bhí gliondar croí orainn go léir (*We were all delighted*)
- Bhí a dhóthain feicthe aige (*He had seen enough*)
- Ba leor sin (*That was enough*)
- Theastaigh uaim í a chosaint, ach bhí sé dodhéanta (*I wanted to protect her but it was impossible*)
- D'fhiosraigh mé an scéal (*I investigated the story*)
- Ceistíodh í (*She was questioned*)
- B'éigean dó tús a chur leis an turas, cé nach raibh fonn dá laghad air imeacht (*He had to start the journey, even though he had no desire to leave*)
- Fuair sé glaoch práinneach agus d'imigh sé leis (*He got an urgent call and he left*)
- Lean mé ar aghaidh go tromchroíoch (*I continued on with a heavy heart*)
- Thug mé faoi deara go raibh meáchan caillte aici ón uair dheireanach a chonaic mé í (*I noticed that she had lost weight since the last time I had seen her*)
- Thosaigh mé ag éirí buartha nuair nach raibh aon fhocal cloiste agam uaidh (*I started to worry when I hadn't heard anything from him*)
- Ba ansin a thuig mé fírinne an scéil (*It was then I understood the truth of the story*)
- Phléasc mé amach ag gol/ag gáire (*I burst out crying/laughing*)
- Chuala mé torann aisteach/ait (*I heard a strange/peculiar noise*)
- Choinnigh mé orm ag rith, ach bhí mé ag cailleadh fuinnimh (*I continued on running, but I was losing energy*)
- Bhí faoiseamh ag teastáil go géar uaim (*I really needed relief*)
- Ghuigh mé go bhfeicfinn arís í (*I prayed I would see her again*)
- Ní raibh leisce uirthi glacadh leis an tairiscint (*She wasn't slow to accept the offer*)

Scéal samplach

Brú

Léigh sí an líne chéanna arís is arís eile. Ní raibh ag éirí le Muireann aon rud a fhoghlaim an lá sin agus í suite sa seomra staidéir ó mhaidin. D'fhéach sí ar a guthán arís. Leathuair tar éis a dó! Bhí a fhios aici go mbeadh **rí-rá** nuair a thiocfadh Mam abhaile, ach ba chuma léi. Bhí sí ocht mbliana déag anois agus shocraigh sí imeacht.

uproar

Agus í ar a bealach amach an doras, chuala sí an fón sa teach ag bualadh. Mam arís, gan amhras, ag fiosrú an raibh sí fós ag staidéar. **Bíodh léi** inniu, áfach. Ní raibh fonn dá laghad ar Mhuireann labhairt lena máthair. Bheadh an scéal céanna ann. Déarfadh Mam léi nach bhfaigheadh sí na pointí don chúrsa leighis a theastaigh uaithi dá hiníon agus déarfadh Muireann gur chuma léi. Ní bhfaigheadh sí an seans níos mó a rá, mar leanfadh Mam ar aghaidh le **léacht** eile. Cén mhaitheas í a fhreagairt, mar sin, a smaoinigh sí.

let her be

lecture

Tháinig fearg uirthi nuair a chuala sí an fón ag bualadh ina mála. D'fhéach sí ar an **scáileán:** uimhir phríobháideach mar ba ghnách nuair a chuireadh Mam glao uirthi ón obair. Chuala sí teachtaireacht á fágáil agus **mhúch sí** an guthán. Bhí a dóthain cloiste aici óna máthair an oíche roimhe sin. Níorbh aon ionadh gur éirigh Daid **bréan di,** dar léi. Nárbh é sin an fáth ar scar sé léi cúig bliana ó shin. Bhí sí ag tnúth go mór le deireadh an tsamhraidh nuair a gheobhadh sí saoirse óna máthair **ar deireadh thiar**. Ní raibh aon rud le cloisteáil óna máthair na laethanta seo ach leigheas agus pointí agus ba chuma léi **cé chomh gránna** is a bhí sí lena hiníon.

screen

she turned off

fed up of her

at long last

how nasty

Ar aghaidh léi go Páirc an Bhaile, áit ar bhuail sí le beirt chairde léi. Nuair a labhair sí beagáinín leo, mhothaigh sí ní b'fhearr. Ag caint faoi chóisir Éanna a bhí siad. Thuig Muireann nár thaitin Éanna lena máthair in aon chor, ach b'shin cúis níos fearr di le bheith páirteach go mór i bpleanáil na cóisire. Ní raibh muintir Éanna saibhir go leor do Bhean Uí Néill, bhí Muireann cinnte de sin!

Tar éis dóibh na liostaí go léir a chríochnú agus jab a thabhairt do gach duine dá gcairde, shocraigh an triúr imeacht chun na trá. Bhí an carr ag Éanna agus mar sin **bhailigh siad leo**. Ba mhór an faoiseamh do Mhuireann é am a chaitheamh lena cairde, gan strus, gan argóint, gan aon duine ag cur isteach uirthi. **Dá bhféadfadh cúrsaí a bheith mar seo i gcónaí!** Ba mhór an **gliondar** di breathnú ar na tonnta móra agus siúl agus rith in aghaidh na gaoithe; **faic ag cur as di**.

off they went

If only things could be always like this!

delight

nothing bothering her

Ba ansin a chaill sí a cuimhne, áfach. Chuala sí guthán Aoife ag bualadh agus tugadh di an fón. Chuala sí guth a hathar ar an taobh eile den líne agus cúpla soicind níos déanaí, bhí sí tite i laige ar an trá. Nuair a dhúisigh sí sa charr, cheap sí go raibh sí **i dtromluí**, ach d'fhéach sí ar aghaidh a carad agus thuig sí fírinne an scéil. Céard a dhéanfadh sí anois? Ba chuimhin léi guth Daid agus é ag caoineadh. Ghuigh Muireann go mbeadh a máthair beo nuair a shroichfeadh sí an t-ospidéal. Ghuigh sí go mbeadh sí ceart go leor ...

nightmare

Seanfhocail

1. Is minic ciúin ciontach. (*Quiet often means guilty.*)
2. Is fearr an tsláinte ná na táinte. (*Health is better than wealth.*)
3. Is fearr cara sa chúirt ná punt sa sparán. (*A friend in court/when in difficulty is better than a pound in your purse.*)
4. Cuir síoda ar ghabhar, ach is gabhar i gcónaí é. (*Put silk on a goat, but he will always be a goat.*)
5. Briseann an dúchas trí shúile an chait. (*Nature comes through in the end.*)
6. Is minic a bhris béal duine a shrón. (*A person's mouth often broke his nose.*)
7. Is fearr déanach ná choíche. (*Better late than never.*)
8. Bíonn blas ar an mbeagán. (*A little of anything tastes good/A little is better than nothing.*)
9. Is maith an t-anlann an t-ocras. (*Hunger is a good sauce.*)
10. Filleann an feall ar an bhfeallaire. (*What goes around comes around/Crime doesn't pay.*)
11. De réir a chéile a thógtar na caisleáin. (*Rome wasn't built in a day.*)
12. Dá fhad an oíche, tagann an lá. (*However long the night may be, day will always come.*)
13. Ní neart go cur le chéile. (*There is strength in numbers/Many hands make light work.*)
14. Tús maith leath na hoibre. (*A good start is half the work.*)
15. Giorraíonn beirt bóthar. (*Two people shorten the road.*)

Treoracha

Beidh tú in ann na seanfhocail seo a úsáid le haon cheist cheapadóireachta.

16. Ní mar a shíltear a bítear. (*Things are not always as they seem.*)
17. Caora mór, an t-uan i bhfad. (*Some people take a long time to grow up.*)
18. Tuigeann Tadhg Taidhgín. (*Big Tadhg understands little Tadhg.*)
19. Aithníonn ciaróg ciaróg eile. (*It takes one to know one.*)
20. Ní hiad na fir mhóra a bhaineann an fómhar i gcónaí. (*It's not always the big shots/men who are successful.*)
21. Is binn béal ina thost. (*Silence is golden.*)
22. Mol an óige agus tiocfaidh sí. (*Praise a young person and he/she will improve.*)
23. Tír gan teanga, tír gan anam. (*A country without language is a country without soul.*) (Pádraig Mac Piarais)
24. Ní bhíonn saoi gan locht. (*Nothing/nobody is without fault.*)
25. An rud is annamh is iontach. (*Seldom is appreciated.*)
26. Ní féidir ceann críonna a chur ar cholainn óg. (*You can't put an old head on young shoulders.*)
27. Ní thugann rud ar bith ach seal. (*Nothing lasts forever.*)
28. I dtús na haicíde is fusa í a leigheas. (*It is easier to cure a disease in the early stages.*)
29. Is ait an mac an saol. (*Life is strange.*)
30. Ní mhealltar an sionnach faoi dhó. (*A fox won't be drawn/fooled twice.*)
31. Is olc an ghaoth nach séideann do dhuine éigin. (*It's an ill wind that doesn't blow somebody's way/Every cloud has a silver lining.*)
32. Bíonn an fhírinne searbh. (*The truth hurts.*)
33. Is maith an t-iománaí an té atá ar an gclaí. (*The hurler on the fence/at the sideline is a good one*!)
34. Ní bhíonn toit gan tine. (*There's no smoke without a fire.*)
35. Is iomaí sórt duine ag Dia ann. (*It takes all kinds to make a world.*)
36. Nuair a bhíonn an braon istigh, bíonn an chiall amuigh. (*When the drop/drink is in, sense goes out.*)
37. Is maith an scéalaí an aimsir. (*Time will tell.*)
38. Oíche shúgach, maidin bhrónach. (*A fun night, a sad morning.*)
39. Múineann gá seift. (*Necessity teaches us to be resourceful.*)
40. Ar scáth a chéile a mhaireann na daoine. (*We need other people to survive.*)

4 An Léamhthuiscint

Aidhmeanna

- Go gcuirfidh tú le d'fhoclóir don léamhthuiscint.
- Go mbeidh tuiscint níos fearr agat ar na ceisteanna.
- Go dtiocfaidh feabhas ar do chuid scileanna léamhthuisceana.

Treoracha

- There will be two *léamhthuiscint* (reading comprehension) on Paper 2 of the exam, each carrying **50 marks (16.66%)**.
- You are asked to answer **all questions**. The answers to Questions 1 to 5 should be taken **directly** from the text. Changing the words here may lose you marks. Question 6A will require **a good knowledge of grammatical terminology**. In question 6B you will be expected to answer **in your own words**.
- It is recommended that you read the extract once at first, then read the questions and underline **the *eochairfhocail*** (key words) in the questions and then re-read the extract, paying particular attention to where you see the *eochairfhocail.*
- Always be mindful of the question being asked and remember to **answer that question without giving excess information**. You will lose marks for giving too much information as you will not be answering the question accurately.
- The only way I see to prepare for this question is to **practise** working on various *léamhthuiscintí*. Most extracts on the exam papers are based on topical issues and therefore reading articles from Irish publications such as *Dréimire, tuairisc.ie, The Irish Times,* etc. will help.
- After you have completed the questions, try to **take at least 10 new words or phrases** from each extract and use your dictionary to find the meanings and learn them. You will very quickly notice that you are greatly adding to your *stór focal* (word store) or *foclóir* (vocabulary).
- **The phrases and vocabulary learned here will also be of great benefit in your preparation for the aiste/díospóireacht, etc. (Caibidil 3).** I would recommend having a special notebook to record vocabulary and phrases (from *léamhthuiscint* and *cluastuiscint*), which will be useful in your writing.

Cuimhnigh!

Léigh an sliocht.

Ansin, léigh na ceisteanna agus cuir líne faoi na heochairfhocail sa sliocht.

Léigh an sliocht arís.

Ná hathraigh focail ná abairtí nach dtuigeann tú.

Foclóir coitianta sna ceisteanna agus sna freagraí

Ba cheart duit a bheith in ann an foclóir seo a aithint agus a úsáid.

Tabhair dhá phíosa eolais faoi	*Give two points of information about*
Luaigh dhá chúis	*Mention two reasons/causes*
Mínigh a bhfuil i gceist	*Explain what is meant*
Cén fhianaise?	*What evidence?*
Cén tairbhe?	*What benefit?*
Cén buntáiste/míbhuntáiste a bhaineann le ...?	*What advantage/disadvantage is associated with ...?*
Cén t-éacht?	*What achievement?*
Cén gaisce?	*What feat?*
Cén toradh?	*What result?*
Cén moladh?	*What praise or what recommendation/advice?*
Cén chomhairle?	*What advice?*
Cén eachtra?	*What event?*
Cén bhaint a bhí ag X le Y?	*What was the association between X and Y?*
Luaigh dhá aidhm	*Mention two aims*
Cén tábhacht a bhaineann le ...?	*What is the importance of ...?*
Luaigh dhá rud a léiríonn	*Mention two things that show*
Cén léargas?	*What insight?*
Céard iad na deacrachtaí?	*What are the difficulties?*
Conas atá a fhios againn?	*How do we know?*
Cén t-ábhar?	*What subject?*
Cad a deirtear linn faoi ...?	*What are we told about ...?*
Cén ceangal a dhéantar idir A agus B?	*What is the link made between A and B?*
Cén t-athrú?	*What change?*
Cén feachtas a cuireadh ar bun?	*What campaign was founded/set up?*
Gné	*aspect*
Cén ghairm bheatha?	*What profession?*
Luaigh comhartha amháin a thugann le fios	*Mention one sign that tells us/indicates to us*
Dar leis an dara halt	*According to the second paragraph*
De réir an séú halt	*According to the sixth paragraph*

Is féidir freagraí a thosú le nathanna mar seo a leanas, más mian leat.

Dar leis an scríbhneoir sa chéad alt, 'séard atá i gceist anseo ná ...

Deirtear linn in alt a trí go ...

Léiríonn sé seo dúinn go ...

Ar an gcéad dul síos ...

Anuas air sin ...

Chomh maith leis sin ...

Ina theannta sin ...

I mo thuairim féin, 'séard is brí leis seo ná ...

Is léir ón gceathrú halt go/nach ...

Léirítear dúinn ...

Deirtear linn san alt seo go ...

Insítear dúinn go ...

Léamhthuiscintí

Tá trí léamhthuiscint anseo. Iarrtar ort triail a bhaint astu mar atá molta thuas agus ansin is féidir leat breathnú ar na freagraí samplacha.

Scrúdú na hArdteistiméireachta 2010, Ceist 2 A

Léigh an sliocht seo a leanas agus freagair na ceisteanna a ghabhann leis.

Léamhthuiscint a haon

De Shiúl na gCos go Cathair Santiago

1. Tar éis dom post cruógach an mhúinteora a chur díom in aois mo thrí scór bliain, bhí fonn orm sos fada machnaimh a thógáil sula dtabharfainn faoin saol nua a bhí romham. Bhí crosbhóthar sroichte agam i mo shaol agus bhí rogha géibheannach le déanamh agam faoin mbealach a ghabhfainn. Ba é mian mo chroí le fada é cosán na n-oilithreach meánaoiseach go Santiago de Compostela a shiúl ó Saint-Jean-Pied-de-Port sa Fhrainc go Finisterre ar chósta thiar na Spáinne, aistear naoi gcéad ciliméadar. Ós rud é go raibh dúil thar cuimse agam riamh sa choisíocht, bheartaigh mé an sos machnaimh agus an oilithreacht go Compostela a nascadh le chéile san aon turas amháin. Mar sin, ar an gcéad lá de Mheán Fómhair, 2004, seachas filleadh ar an seomra ranga, phacáil mé mo mhála agus bhuail mé bóthar. Ar feadh aon lá déag agus scór, shiúil mé sé chiliméadar is fiche in aghaidh an lae, ar an meán, ar an *camino*, mar a thugtar air, nó gur bhain mé cathair Santiago de Compostela amach, agus Finisterre ina dhiaidh sin.
2. Ba sa seachtú haois a tosaíodh ar phoiblíocht a thabhairt don mhíorúilt a thugann a comhartha aitheantais don oilithreacht go Compostela. De réir an tseanchais, fuarthas duine báite agus a chorp clúdaithe le sliogáin mhuiríní, agus tugadh ar ais ina bheatha é trí idirghuí Santiago, an naomh a dtugtar San Séamas air sa tír seo. Ó shin i leith, bronntar sliogán muirín, in ómós do Santiago, ar gach duine a n-éiríonn leis an oilithreacht a dhéanamh. Ach deir na hantraipeolaithe go mbíodh daoine ag déanamh an turais i bhfad roimh aimsir

Santiago. Shiúladh daoine réamhstairiúla an bóthar go Finisterre, agus Bealach na Bó Finne sa spéir mar threoir acu. Chreidtí gur áit naofa ba ea Finisterre.

Dhéantaí Dia na Gréine a adhradh ansin agus an ghrian ag dul faoi san fharraige. Deir lucht seandálaíochta go mbíodh Rí na Réaltaí á adhradh ag na Ceiltigh i dteampaill oscailte ar bharr na n-aillte san áit. Théadh na Rómhánaigh ann freisin. Ba iad a thug Finisterre ar an áit, focal a chiallaíonn 'foirceann na talún' nó an áit dheireanach ar thalamh an domhain.

3. Scríobh an fealsamh Søren Kierkegaard nach raibh fadhb ar bith nach bhféadfadh duine a réiteach agus é ag siúl. Tuigim féin fírinne na tuairime sin. Nuair a bhím féin ag siúl, oibríonn rithim na coisíochta mar chineál *mantra* ar m'intinn, agus braithim suaimhneas ionam féin nach mbraithim am ar bith eile. Is as an suaimhneas aigne sin is minic a thagann réiteach faidhbe. Ach tá níos mó ná sin le baint as oilithreacht. Ar an *camino*, chruthaigh mé spás dom féin nach raibh fáil isteach ag rudaí saolta ann. Shiúil mé trí áiteanna a raibh an gnáthshaol oibre ag dul ar aghaidh iontu, agus bhuail mé le daoine a bhí gafa go huile is go hiomlán le cúraimí an tsaoil. Toisc nárbh amhlaidh dom féin, bhí caoi agam machnamh ar chíocras an duine chun airgid, rud nach gcuireann puinn, go minic, lena shástacht.

   Ach, os a choinne sin, fuair mé ábhar machnaimh mo dhóthain sna rudaí áille a bhí ar fáil go forleathan feadh an bhealaigh, rudaí a rinneadh, ní as an tsaint ach as grá Dé.

4. Níor rug mé liom ach na riachtanais bhunúsacha i mála droma beag. Is minic a shamhlaigh mé an mála sin mar shiombail den ualach a leag mé ar dhaoine i rith na mblianta. B'fhéidir gurbh é an gá a bhí agam le haithreachas a dhéanamh as sin a thug orm an mála droma a iompar le foighne agus le buíochas. Chaithinn na hoícheanta i mbrúnna beaga (*albergue)* feadh an bhealaigh. Is iomaí cineál duine a bhuail liom agus níorbh í an chuid ba dheise den nádúr daonna a tháinig chun solais uaireanta. Is cuimhin liom an seisear Francach i mbrú in Larrasoana nár chaith focal sibhialta liom i rith bhéile an tráthnóna. Agus tá cuimhne agam freisin ar an tábhairneoir in Fomista a raibh orm tabhairt amach dó as Spáinnis mar nach raibh sé sásta freastal orm. Ach os a choinne sin, ní dhéanfaidh mé dearmad ar Rónán a tháinig ón Astráil leis an *camino* a shiúl agus a chaitheann a shaol ag cabhrú le handúiligh dhrugaí.

5. Ba gheall le turas siar trí stair chasta thuaisceart na Spáinne an *camino*. Bhí an caidreamh idir ríochtaí beaga an tuaiscirt agus tíortha eile na hEorpa ag síorathrú i rith na n-aoiseanna, anuas go dtí ár linn féin. Mar fhianaise leis sin, tháinig mé ar uaigh Cesare Borgia a maraíodh i seirbhís rí Navarra in Viana i 1507. Ba faoi Cesare a scríobh Machiavelli *An Prionsa* mar léiriú ar ealaín na státaireachta a chleacht Cesare lena linn. In Pamplona, insíodh dom faoi Eoghan Ó Néill, de bhunadh Iarlaí Thír Eoghain, a chosain an chathair ar arm Napoléon in 1808.

I gcathair Burgos, tháinig mé ar an bpríosún inar coimeádadh Frank Ryan sa bhliain 1940 i ndiaidh dó troid sa Bhriogáid Idirnáisiúnta in aghaidh Franco. Nuair a bhí deasghnátha na hoilithreachta comhlíonta agam, scrúdaigh mé m'aigne faoin tairbhe a bhain mé aisti. Seachas an chloch meáchain a chaill mé de bharr na diansiúlóide, ba dheacair dom gan aird a thabhairt ar an lúcháir aigne a bhraith mé agus mé ag siúl agus is í atá fanta liom ó shin.

Bunaithe ar an leabhar *An Bóthar go Santiago*

le Micheál de Barra

Ceisteanna

1. (a) Cén fáth a raibh fonn ar an údar sos fada machnaimh a thógáil? Alt 1
   (b) Tabhair **dhá** phíosa eolais faoin tsiúlóid a rinne an t-údar. Alt 1
2. (a) Cén mhíorúilt a thug a comhartha aitheantais don oilithreacht? Alt 2
   (b) Luaigh **dhá** phíosa eolais a léiríonn gur áit naofa é Finisterre sa tréimhse réamhstairiúil. Alt 2
3. (a) Conas a théann an choisíocht i bhfeidhm ar aigne an údair, dar leis? Alt 3
   (b) Cén t-ábhar machnaimh a fuair an t-údar ar an *camino*? (**Dhá** phointe) Alt 3
4. (a) Cén fáth ar iompair an t-údar an mála droma 'le foighne agus le buíochas'? Alt 4
   (b) Luaigh **dhá** shampla den taobh mídheas den nádúr daonna a thug an t-údar faoi deara ar an *camino*. Alt 4
5. (a) Luaigh ceangal **amháin** atá ag ceantar an *camino* le hÉirinn. Alt 5
   (b) Cén tairbhe a bhain an t-údar as an *camino*? (**Dhá** phointe) Alt 5
6. (a) Ainmnigh sampla **amháin** den mhodh coinníollach sa chéad phearsa in **Alt 1** agus sampla **amháin** d'ainmfhocal sa tuiseal ginideach uimhir uatha in **Alt 2**.
   (b) Cén cineál (*genre*) scríbhneoireachta lena mbaineann an sliocht seo? Luaigh **dhá** thréith a bhaineann leis an gcineál sin scríbhneoireachta. Aimsigh sampla **amháin** de **gach** ceann den dá thréith sin sa sliocht. **(Bíodh an freagra i d'fhocail féin. Is leor 60 focal.)**

Freagraí samplacha

1. (a) Tar éis dó post cruógach an mhúinteora a chur de in aois a thrí scór bliain, bhí fonn air sos fada machnaimh a thógáil sula dtabharfadh sé faoin saol nua a bhí roimhe.

(b) Ar an gcéad lá de Mheán Fómhair, 2004 phacáil sé a mhála agus bhuail sé bóthar. Ar feadh aon lá déag agus scór; shiúil sé sé chiliméadar is fiche in aghaidh an lae, ar an meán, ar an *camino* mar a thugtar air.

2. (a) De réir an tseanchais, fuarthas duine báite agus a chorp clúdaithe le sliogáin mhuiríní, agus tugadh ar ais ina bheatha é trí idirghuí Santiago, an naomh a dtugtar San Séamas air sa tír seo.
   (b) Dhéantaí Dia na Gréine a adhradh ansin agus an ghrian ag dul faoi san fharraige. Chomh maith leis sin, deir lucht seandálaíochta go mbíodh Rí na Réaltaí á adhradh ag na Ceiltigh i dteampaill oscailte ar bharr na n-aillte san áit.
3. (a) Nuair a bhíonn sé ag siúl, oibríonn rithim na coisíochta mar chineál mantra ar a intinn agus braitheann sé suaimhneas ann féin nach mbraitheann sé am ar bith eile.
   (b) Bhí caoi aige machnamh ar chíocras an duine chun airgid, rud nach gcuirean puinn go minic lena shástacht. Os a choinne sin, fuair sé ábhar machnaimh a dhóthain sna rudaí áille a bhí ar fáil go forleathan feadh an bhealaigh, rudaí a rinneadh ní as an tsaint ach as grá Dé.
4. (a) Is minic a shamhlaigh sé an mála sin mar shiombail den ualach a leag sé ar dhaoine i rith na mblianta. B'fhéidir gurbh é an gá a bhí aige le haithreachas a dhéanamh as sin a thug air an mála droma a iompar le foighne agus le buíochas.
   (b) Is cuimhin leis an seisear Francach i mbrú in Larrasouna nár chaith focal sibhialta leis i rith bhéile an tráthnóna. Agus tá cuimhne aige freisin ar an tábhairneoir in Fomista a raibh air tabhairt amach dó as Spáinnis mar nach raibh sé sásta freastal air.
5. (a) In Pamplona, insíodh do faoi Eoghan Ó Néill, de bhunadh Iarlaí Thír Eoghain, a chosain an chathair ar arm Napoléon in 1808.
   (b) Seachas an chloch meáchain a chaill sé de bharr na diansiúlóide, ba dheacair dó gan aird a thabhairt ar an lúcháir aigne a bhraith sé agus é ag siúl.
6. (a) ghabhfainn, tseanchais.
   (b) Is **insint** é an sliocht seo.

   Tá léiriú ar thaithi an údair agus ar an éifeacht a bhí ag an taithí sin air. Rinne an t-údar siúlóid fhada go Santiago de Compostela agus ansin go dtí Finisterre. Bhí tionchar mór ag an taithí sin air gan amhras. Deir sé linn gur oibrigh an tsiúlóid mar sórt mantra ar a aigne. Chuir sé spéis faoi leith i nádúr na ndaoine ar bhuail sé leo. Chuir sé isteach air nuair a bhuail sé le daoine a bhí santach agus drochbhéasach agus nuair a thug sé faoi deara saibhreas an nádúir féin, thuig sé nach gcabhraíonn airgead le sástacht ar chor ar bith.

   Tugann sé eolas dúinn ar na háiteanna móra agus beaga ar thug sé cuairt orthu. Tugann sé scéalta dúinn ó chuid de na háiteanna sin freisin, mar shampla luann sé an tábhacht a bhain le Dia na Gréine in Finisterre san am réamhstairiúil agus in Pamplona chuala sé scéal faoin Éireannach Eoghan Ó Néill. Tá scéalta aige ó bheagnach gach áit ar thug sé cuairt uirthi.

Léamhthuiscint a dó

An Sonas agus an Donas in Salvador

1. Sa bhliain 2006 chaith mé trí mhí sa Bhrasaíl le linn sosa ó mo phost mar thuairisceoir le Nuacht TG4/ RTÉ. Is ann a bhuail mé le Nilton Reis as cathair Shalvador a thug cuireadh dom teacht ar cuairt ar a mhuintir in Tancredo Neves, bruachbhaile bocht (*favela*) in Salvador. Bhí íomhá thar a bheith diúltach agam den saol sna *favelas* a bhí bunaithe ar na scannáin a bhí ar taispeáint in Éirinn ag an am. Chuir na scannáin seo síos ar mhangaireacht drugaí in Salvador agus ar an gcoiriúlacht uafásach a bhí ag baint léi. Chomh maith leis sin, bhí cur amach agam ar staitisticí na bpóilíní in Salvador a léiríonn gurb é Tancredo Neves an bruachbhaile is contúirtí sa chathair ar fad. Ach fad a bhí mé le muintir Reis d'fhás grá mór ionam do mhuintir Thancredo Neves. San áit dhearóil sin, níor tháinig lá riamh nach raibh an meon dóchasach sona is nádúr dóibh ar taispeáint don saol mór. Bheartaigh mé fanacht leo ag súil go scaoilfidís rún a gcuid sonais liom.
2. Sa bhliain 1501 leag na Portaingéalaigh a gcosa den chéad uair ar thalamh na Brasaíle. Bhaist siad *Salvador da Bahia de Todos os Santos* (Slánaitheoir Chuan na Naomh) ar an áit ar a dtugtar Salvador inniu. Chuir siad bundúchasaigh na háite ag obair ar na láithreacha tógála agus ar na plandálacha siúcra ach de réir a chéile scrios galair éagsúla na hEorpa iad. Ba é réiteach na bPortaingéalach air sin sclábhaithe a thabhairt isteach ó chósta thiar na hAfraice. Idir 1534 agus 1850 tógadh 4 mhilliún duine gorm go dtí an Bhrasaíl ina sclábhaithe. Anois is daoine gorma – Afra-Bhrasaíligh – iad 80% de dhaonra Shalvador. Cuireadh deireadh leis an sclábhaíocht sa bhliain 1888 agus caitheadh formhór na ndaoine gorma amach as na plandálacha. Lonnaigh siad ar na cnoic ar imeall na gcathracha. Ba é sin tús na *favelas*. Tá fás ollmhór faoi na *favelas* inniu. Tá a lán de na feirmeoirí beaga ag tréigean na tuaithe agus ag plódú isteach sna cathracha. Chomh maith leis sin tá cuid mhór de phobal na cathrach gan obair anois toisc comhlachtaí a bheith ag imeacht as an mBrasaíl agus ag lonnú san Indinéis. Níl de rogha ag an dá ghrúpa daoine sin ach cur fúthu sna *favelas*.
3. Chaill tuismitheoirí Nilton a bpoist nuair a d'imigh monarchana Bosch agus Souza Cruz go dtí Panama. Bhí an t-ádh leo go raibh siad in ann píosa talún a cheannach in Tancredo Neves agus teach a thógáil air. D'áiteoidís féin go láidir nach *favela* é Loteamento, an áit a bhfuil cónaí orthu anois, mar gur úinéirí dleathacha san áit iad. Dar leo siúd is *favela* í áit ar bith a bhfuil prochóga de thithe inti a tógadh gan cead pleanála. Áitíonn siad gur daoine meánaicmeacha iad féin a d'fhulaing céim síos sa saol. Ba trí chlann álainn Reis, a gcol ceathracha agus a gcairde, a chuir mé eolas ar mhuintir Tancredo Neves. Níorbh fhada ann dom nuair a thuig mé gur oidhrí iad muintir Shalvador ar chultúr atá as cuimse saibhir agus cothaitheach. Is rudaí luachmhara acu sonas agus buaine na clainne, sláinte agus áilleacht an choirp agus cosaint an dúlra. Tá an spioradáltacht go smior iontu, a bhuíochas sin don chreideamh *Condomblé* a rug siad leo ón Afraic.

4. Is íobartaigh de chuid an Impiriúlachais iad muintir Shalvador díreach ar aon dul le muintir na hÉireann. Baineadh a saoirse agus a dteanga agus a gcreideamh díobh, agus brúdh faoi chois iad. Bhrúigh na Portaingéalaigh an creideamh Caitliceach orthu ach taobh thiar d'aghaidh na Críostaíochta maireann a gcreideamh féin, an *Condomblé*, beo bríomhar i gcónaí. Is creideamh é an *Condomblé* ina n-adhraítear déithe iomadúla – *los/las orixis*. Aithnítear na déithe seo mar a bheadh aingil choimhdeachta ann. Tá deartháir Nilton, Bruno, ina shagart den chreideamh seo. Chuir seisean in aithne mé do m'aingil choimhdeachta féin – *Jemanja,* bandia na mara, agus *Oxaquia,* dia an chirt agus na córa. Cé go bhfuil meon ciniciúil agam faoi na nithe seo go léir, baineadh siar asam. Oireann na haingil sin go mór dom. Le fad mo chuimhne ní fhéadfainn maireachtáil gan radharc agam ar an bhfarraige, agus ó thaobh an chirt agus na córa de is sóisialach go smior mé.

5. Le linn mo chuairte ar Thancredo Neves mharaigh na póilíní 137 duine sa troid shíoraí in aghaidh na mangairí drugaí. Ach ní chuireann an fhírinne ghránna sin isteach ar na daoine. Bíonn a n-aird siúd ar rudaí níos bunúsaí: an tóir ar shlite beatha, ar oideachas, agus ar áilleacht coirp. Níl oideachas meánscoile ach ar 20% de mhuintir Shalvador ach tuigtear dóibh gurb é an t-oideachas an tslí is éifeachtaí le dul ar aghaidh sa saol. Chonaic mé an cíocras chun oideachais ar Nueza, col ceathrar Nilton, agus ar a mhac Tony. Téann an bheirt acu ag obair i rith an lae agus san oíche bíonn siad le chéile ar rang meánscoile! Ba phléisiúr mór dom siúl timpeall in Tancredo Neves tráthnóna ag breathnú ar an saol ag dul ar aghaidh: mná i mbun a ngnóthaí laethúla; fir óga ag imirt peile go spraíúil lena chéile; seanfhir ag imirt cártaí ag cúinní na sráideanna – i bhfocail shimplí, pobal sona sláintiúil a bhféadfadh pobail rachmasacha loite na hEorpa foghlaim uathu.

Leagan athchóirithe as an leabhar *Favela* le hAlex Hijmans

Ceisteanna

1. (a) Cad ba chúis leis an íomhá dhiúltach a bhí ag an údar den saol sna *favelas*?
   (b) Cén tréith de chuid mhuintir Tancredo Neves a mheall an t-údar? Cén fáth ar bheartaigh sé fanacht leo? (Alt a 1) (7 marc)
2. (a) Cén chaoi ar fhulaing na bundúchasaigh in Salvador ag lámha na bPortaingéalach?
   (b) Cén chaoi ar tháinig na *favelas* ar an saol? Cén fáth a bhfuil fás mór fúthu sa lá atá inniu ann? (Alt a 2) (7 marc)
3. (a) Cén fáth a ndeir tuismitheoirí Nilton nach *favela* é Loteamento?
   (b) Céard iad na rudaí is luachmhaire ag muintir Shalvador, dar leis an údar? Cén bunús atá le spioradáltacht mhuintir Shalvador, dar leis? (Alt a 3) (7 marc)
4. (a) Cén chaoi ar íobartaigh de chuid an impiriúlachais iad na hAfra-Bhrasaíligh in Salvador?
   (b) Céard iad na haingil choimhdeachta a luaigh Bruno leis an údar? Cén fáth a n-oireann na haingil choimhdeachta sin don údar, dar leis féin? (Alt a 4) (7 marc)

5. (a) Cén 'fhírinne ghránna' atá ag baint leis an áit?
   (b) Cén dearcadh atá ag muintir Thancredo Neves ar an oideachas? Cén chaoi a Léiríonn Nueza agus a mhac Tony an dearcadh seo? (Alt a 5) (7 marc)
6. (a) Aimsigh briathar saor san aimsir láithreach in alt 5 agus ainmfhocal sa ghinideach uatha in Alt a 1.
   (b) Cén cineál *(genre)* litríochta lena mbaineann an sliocht seo? Luaigh dhá thréith a bhaineann leis an gcineál seo litríochta. Aimsigh sampla amháin de na tréithe sin sa sliocht. **(Bíodh an freagra i d'fhocail féin. Ní gá níos mó ná 60 focal a scríobh.)** (15 marc)

Freagraí samplacha

1. (a) Bhí an íomhá dhiúltach sin bunaithe ar na scannáin a bhí ar taispeáint in Éirinn ag an am.
   (b) Mheall an meon dóchasach sona is nádúr dóibh an t-údar. Bheartaigh sé fanacht leo ag súil go scaoilfidís rún a gcuid sonais leis.
2. (a) Chuir siad bundúchasaigh na háite ag obair ar na láithreacha tógála agus ar na plandálacha siúcra.
   (b) In 1888 caitheadh formhór na ndaoine gorma amach as na plandálacha agus lonnaigh siad ar na cnoic ar imeall na gcathracha. Ba é sin tús na favelas. Tá fás mór fúthu sa lá atá inniu ann agus tá a lán de na feirmeoirí beaga ag tréigean na tuaithe agus ag plódú isteach sna cathracha.
3. (a) Deir siad é sin mar gur úinéirí dleathacha san áit iad.
   (b) Is rudaí luachmhara acu sonas agus buaine na clainne, sláinte agus áilleacht an choirp agus cosaint an dúlra. Tá an spioradáltacht go smíor iontu, a bhuíochas sin don chreideamh Condomblé a rug siad leo ón Afraic.
4. (a) Baineadh a saoirse agus a dteanga agus a gcreideamh díobh agus brúdh faoi chois iad.
   (b) Luaigh Bruno na haingil Jemanja, bandia na mara, agus Oxaquia, dia an chirt agus na córa leis an údar. Oireann siad sin don údar mar le fad a chuimhne ní fhéadfadh sé maireachtáil gan radharc aige ar an bhfarraige, agus ó thaobh an chirt agus na córa de is sóisialach go smior é.
5. (a) Le linn a chuairte ar Thancredo Neves mharaigh na póilíní 137 duine sa troid shíoraí in aghaidh na mangairí drugaí.
   (b) Tuigtear dóibh gurb é an t-oideachas an tslí is éifeachtaí le dul ar aghaidh sa saol. Téann Nueza agus a mhac Tony ag obair i rith an lae agus san oíche bíonn siad le chéile ar rang meánscoile.
6. (a) Briathar saor, aimsir láithreach = tuigtear
   Ainmfhocal sa ghinideach uatha = sosa/sonais
   (b) Genre/Seánr
   Ceapaim gur insint í seo.

Tréith 1 – **Taithí phearsanta an údair:** Is sliocht faoin taisteal é atá scríofa sa chéad phearsa. Tugann an t-údar eolas dúinn faoi na háiteanna ar thug sé cuairt orthu agus ar na daoine ar bhuail sé leo le linn a thurais. Nuair a chaith an t-údar tréimhse in Tancredo Neves le teaghlach Nilton Reis, thug sé faoi deara meon dearfach na ndaoine agus d'athraigh sé sin an íomhá dhiúltach a bhí aige den áit roimhe sin. Déanann sé cur síos ar an mbochtanas agus ar an gcoiriúlacht in Salvador ach insíonn sé dúinn freisin go raibh meon dearfach sona ag gnáthmhuintir an cheantair. Dar leis, go raibh an sonas, an chlann, áilleacht fhisiciúil agus an nádúr an-tábhachtach i saol na ndaoine agus thaitin na tréithe sin go mór leis an údar. Mar sin feicimid dearcadh agus tuairimí pearsanta an údair ar Shalvador sa sliocht seo.

Tréith 2 – Eolas: Tugtar eolas dúinn faoi stair Shalvador. Mar shampla, ba sa bhliain 1501 a chuaigh na Portaingéalaigh isteach sa Bhrasail den chéad uair. Míníonn sé dúinn an chaoi ar thosaigh daoine gorma ó chósta thiar na hAfraice ag obair mar sclábhaithe sa Bhrasaíl. Mar gheall ar na 4 mhilliún sclábhaí a tháinig chun na cathrach an uair sin, mínítear dúinn gur Afra-Bhrasailigh iad 80% de mhuintir Shalvador sa lá atá inniu ann.

5 An Filíocht Chomónta Ainmnithe

Aidhmeanna

- Go mbeidh tú in ann tabhairt faoin gceist filíochta ar bhealach níos fearr.
- Go mbeidh eolas níos fearr agat ar na dánta agus ar an bhfoclóir a bhaineann leo.

Treoracha

- This section carries **30 marks** at Higher Level (**5%**).
- When answering this section of the exam, it is important to be familiar with **all the vocabulary associated with poetry** in general.
- Then for **each individual poem**, there is a **set of words and phrases specific to that poem** and therefore step 1 of studying any poem is to **learn** that vocabulary.
- The notes accompanying the prescribed poems on the following pages are aimed to provide you with the general information needed to answer examination questions. Each poem has a sample answer for a question based on the **theme/subject/thoughts** of the poem. It should be possible to use much of the same material in other questions based on emotions, poetic technique, etc.
- When answering on any poem, write the number of the question and the part of the question you are answering clearly in your answer book, e.g. B – Filíocht Ainmnithe, (a) (i).

Cuimhnigh!

Bíodh eolas agat ar an bhfoclóir a bhaineann le gach dán.

Scríobh síos uimhir na ceiste atá á freagairt agat go soiléir.

Géibheann

le Caitlín Maude

Ainmhí mé

ainmhí **allta**
as na **teochreasa**
a bhfuil **clú agus cáil**
ar mo **scéimh**

chroithfinn crainnte na coille
tráth
le **mo gháir**

ach anois
luím síos
agus **breathnaím trí leathshúil**
ar an gcrann **aonraic** sin thall

tagann na céadta daoine
chuile lá

a dhéanfadh rud ar bith
dom
ach mé a ligean amach

Gluais

allta: *fiáin/wild*
teochreasa: *na tíortha teo/the tropics*
clú agus cáil: *fame and renown*
scéimh: *áilleacht/beauty*
chroithfinn: *I would shake*
tráth: *once upon a time*
mo gháir: *mo bhúiríl/my roaring*
breathnaím trí leathshúil: *féachaim trí shúil amháin*
aonraic: *single/amháin*
chuile lá: *gach lá*

An file

Rugadh Caitlín Maude i gConamara sa bhliain 1941. Chaith sí roinnt blianta ag múineadh, ach bhí cáil níos mó uirthi mar aisteoir, mar amhránaí ar an sean-nós, mar fhile agus mar ghníomhaí teanga. Fuair sí bás sa bhliain 1982. Foilsíodh cnuasach filíochta dá cuid, *Caitlín Maude: Dánta,* in 1984 agus cnuasach dá cuid drámaíochta agus próis, *Caitlín Maude: Drámaíocht agus Prós,* in 1988. Foilsíodh a saothar liteartha ar fad in *Caitlín Maude: Dánta, Drámaíocht, agus Prós* in 2005. Seoladh leabhar gearrscéalta dá cuid i nGaoth Dóbhair i mí Lúnasa na bliana 2008.

Téama an dáin

Cad é téama/ábhar an dáin seo?

Cad iad na príomhsmaointe sa dán?

'Tá téama na daoirse go mór chun tosaigh sa dán seo.' An ráiteas sin a phlé.

Is é príomhthéama an dáin seo ná an chodarsnacht ghéar idir saoirse agus **daoirse**. Is dán **fáthchiallach** é seo agus is cosúil go bhfuil an file ag caint linn faoin easpa saoirse a mhothaíonn sí a bheith aici féin mar bhean nó mar fhile. Úsáideann sí **íomhá an leoin** chun an téama seo a chur os ár gcomhair, 'Ainmhí mé/ ainmhí allta'.

oppression

allegorical

the image of the lion

Samhlaíonn an file í féin mar leon a chónaigh go saor agus go sona uair amháin ina thimpeallacht nádúrtha sna tíortha teo. Bhí an leon bródúil as a chuid áilleachta agus a chuid cumhachta féin agus deir sé linn go gcuireadh sé *'crainnte na coille'* ag crith agus é ag búiríl. Ainmhí fiáin a bhí ann ansin agus bhí saoirse agus **neamhspleáchas** dá chuid féin aige.

ndependence

Sa dara leath den dán, áfach, feictear dúinn go bhfuil an leon céanna **i ngéibheann** agus faoi smacht i gcás sa zú anois. *'Ach anois/luím síos'* Tá spiorad agus misneach an leoin caillte anois. Luíonn sé síos agus é ag breathnú amach trí shúil amháin ar an gcrann amháin atá le feiceáil aige óna phríosún féin sa zú. Is dócha nach bhfuil an fuinneamh aige an dara súil a oscailt do na *'céadta'* cuairteoir a thagann chuig an zú gach aon lá. Tá **éadóchas an fhile** le sonrú anseo nuair a deir sí go ndéanfadh na cuairteoirí sin aon rud ach an rud is mó a theastaíonn ón ainmhí allta seo – a shaoirse a thabhairt dó. Tuigimid ón **meafar cumhachtach** seo go bhfuil an file ag caint linn faoin easpa saoirse nó neamhspleáchais a bhraitheann sí ina saol féin. Is dócha go mothaíonn sí go bhfuil sí faoi smacht nó i ngéibheann sa saol sin, b'fhéidir ina ceird mar fhile, *'a dhéanfadh rud ar bith dom/ach mé a ligean amach'*.

in captivity

despair of the poet

powerful metaphor

Línte an dáin

Má iarrtar ort línte áirithe den dán a mhíniú, is féidir leat na línte sin a mhíniú mar seo i dtosach agus ansin an míniú seo a chur i gcomhthéacs an téama thuas.

- Deir an file gur ainmhí fiáin í a chónaíodh tráth dá raibh sna creasa teo. (*pearsantú-personification*, línte 1–3)
- Dar leis an leon, tá clú agus cáil air mar ainmhí álainn, uasal. (Línte 4–5)
- Ansin feicimid cumhacht an ainmhí, nuair a deir sé go gcuireadh sé na crainn timpeall air ag crith nuair a bhíodh sé ag búiríl. (Línte 6–8)

- Tá na laethanta sin thart anois, faraor, agus an leon céanna ina luí i gcás sa zú, ag féachaint amach le súil amháin ar an gcrann 'aonraic' amháin atá le feiceáil dó ón gcás sin. (codarsnacht, línte 9–12)
- Tagann na sluaite cuairteoirí go dtí an zú gach aon lá chun féachaint ar na hainmhithe éagsúla. (Línte 13–14)
- Dar leis an leon, dhéanfadh na cuairteoirí sin aon rud ach an rud atá ag teastáil uaidh – a shaoirse a thabhairt dó. (Línte 15–17)

Mothúcháin

Má bhíonn ort ceist a fhreagairt ar na mothúcháin sa dán, mínigh cá háit a bhfuil na mothúcháin seo a leanas agus conas mar a chuirtear os ár gcomhair iad.

- Bród
- Saoirse
- Neamhspleáchas
- Neart
- Easpa fuinnimh
- Éadóchas
- Easpa suime
- Frustrachas
- Daoirse
- Tuirse.

Teicníocht

Baineann an file úsáid éifeachtach as na nithe seo a leanas chun téama/ábhar an dáin a léiriú dúinn.

- Codarsnacht
- Pearsantú
- Samhlaíocht
- Uaim ('clú agus cáil, chroithfinn crainnte na coille')
- Meafair
- Mothúcháin shoiléire
- Íomhánna soiléire
- Friotal lom, gonta.

Meadaracht an dáin

- **Saorvéarsaíocht** atá sa dán, rud a oireann go mór d'ábhar an dáin agus do mhothúcháin an fhile.
- Tugtar faoi deara freisin **nach bhfuil na línte ar comhfhad.**
- **Níl aon phoncaíocht** aon áit sa dán – fiú amháin ag an deireadh, níl aon lánstad.

- Úsáideann an file **uaim** sa dán, a chuireann béim ar a cuid smaointe agus a chuireann go mór le héifeacht na bhfocal, ('**a**inmhí **a**llta', '**c**lú agus **c**áil', '**c**hroithfinn **c**rainnte na **c**oille')
- Ar an iomlán, mar sin, feicimid go **ritheann an mheadaracht go maith le hábhar an dáin.** Léiríonn an tsaorvéarsaíocht dúinn an tsaoirse a bhí ag an ainmhí fiáin tráth, an fonn atá ar an leon an tsaoirse sin a athghabháil agus an frustrachas atá ar an bhfile nuair a chailleann an t-ainmhí/sí féin an tsaoirse sin.

Obair duit

1. Cad iad na mothúcháin is treise sa dán seo, dar leat? Conas mar a chuireann an file na mothúcháin sin in iúl dúinn?
2. 'Is dán fáthchiallach é an dán *Géibheann*.' An ráiteas sin a phlé.
3. 'Tá codarsnacht ghéar le feiceáil idir an tsaoirse agus an daoirse sa dán *Géibheann*.' Do thuairim uait faoi sin.

Colscaradh

le Pádraig Mac Suibhne

Shantaigh sé bean
i nead **a chine**
faoiseamh is **gean**
ar leac a thine,
aiteas
is greann
i dtógáil **chlainne.**

Shantaigh sí fear
is taobh den bhríste,
dídean is searc
is leath **den chíste,**
saoire thar lear
is **meas na mílte.**

Thángthas ar réiteach.
Scaradar.

Gluais

Shantaigh sé bean: *bhí bean ag teastáil uaidh*
a chine: *a mhuintir*
gean: *grá*
ar leac a thine: *ar a thinteán féin*
aiteas: *sonas*
chlainne: *páistí*
dídean is searc: *foscadh (shelter) agus grá*
den chíste: *den cháca*
meas na mílte: *meas na gcomharsan*
Scaradar: *they separated*

An file

Rugadh Pádraig Mac Suibhne i dTír Chonaill sa bhliain 1942 agus tá sé fós ina chónaí sa cheantar sin. Bhain sé céim amach sa Ghaeilge agus sa stair in Ollscoil Mhá Nuad. Ba mhúinteoir meánscoile é agus ba phríomhoide é chomh maith.

Tá trí chnuasach filíochta foilsithe aige agus tá roinnt gearrscéalta scríofa aige chomh maith. Tagann an dán 'Colscaradh' ón gcnuasach *Solas Uaigneach* (1992). D'fhoilsigh sé *Taibhsí an Chreagáin* (1976) agus *An Teach Glas agus Scéalta Eile* in 2008. In 2014, sheol sé trí ghearrscéal nua darbh ainm 'An Coinín Cliste', 'An Mhallacht' agus 'Ned faoi Bhinn'.

Téama an dáin

Cad é príomhthéama/ábhar an dáin seo agus conas mar a chuirtear an téama/an t-ábhar sin os ár gcomhair?

Cad iad príomhsmaointe an fhile mar a fheictear iad sa dán seo?

'Is é leithleachas an tréith is láidre a bhaineann leis an mbeirt sa dán seo.' An ráiteas sin a phlé.

Is é téama an dáin seo ná **an choimhlint** a tharlaíonn go minic idir **lánúineacha phósta** nuair a bhíonn a gcuid **mianta** pearsanta féin níos tábhachtaí dóibh ná an grá. Faighimid **léargas diúltach** ar an bpósadh anseo agus tá coimhlint agus codarsnacht láidir idir **mianta an fhir** agus **dúil** na mná sa phósadh. **Is beag tagairt** don ghrá atá sa dán tríd síos agus is dócha gurb é sin **croílár na faidhbe** sa chaidreamh idir an lánúin. Níl aon réiteach dóibh sa deireadh, dar leis an bhfile, ach scarúint lena chéile – *'Scaradar.'*

the conflict
married couple
desires
negative insight
the man's desires
desire
little reference
the heart of the problem

Cuireann an dán i gcuimhne dúinn, cé gur féidir le duine a bheith meallta ag duine eile i gcúrsaí grá, nach gcoinníonn an mealladh sin lánúin le chéile i gcónaí. Bíonn deacrachtaí acu uaireanta **maireachtáil lena chéile**, cosúil leis an mbeirt charachtar sa dán seo, ar ndóigh.

living together

Feicimid an chodarsnacht idir mianta na beirte go soiléir idir an chéad agus an dara véarsa. Tosaíonn an dá rann leis an mbriathar láidir *'Shantaigh'*, a chuireann **saint** agus **leithleachas** i gcuimhne dúinn. Taobh amuigh den bhriathar sin, níl mórán **cosúlachtaí** idir an sórt saoil a theastaigh uathu ón saol pósta. Níl aon amhras sa chás seo, ach go raibh mianta an fhir níos traidisiúnta agus níos **tíriúla** ar bhealach ná mianta na mná.

greed
selfishness
similarities
homely

Bhí saol níos simplí ag teastáil ón bhfear. Ba mhaith leis bean a phósadh a bheadh sásta páistí a sholáthar dó ina cheantar dúchais féin agus a thabharfadh aire do na páistí sin sa *'nead'* (meafar). Ar an lámh eile, bhí fear nua-aimseartha ag teastáil ón mbean; fear a d'fhágfadh a cuid saoirse, a **húdarás** agus neamhspleáchas aici, fear a bheadh in ann saol sona, **ábharaíoch** a thabhairt di, 'is taobh den bhríste/is leath den chíste'. Ba mhaith léi go mbeadh meas ag na comharsana orthu mar gheall ar an saol breá, compordach, le 'saoire thar lear', a bheadh acu.

authority

materialistic

Críochnaíonn an dán go borb ar nóta ciniciúil. Deir an file nach raibh aon réiteach ann don bheirt ach imeacht óna chéile agus scaradh – 'Scaradar'.

Línte an dáin

Má iarrtar ort línte áirithe den dán a mhíniú, is féidir leat na línte sin a mhíniú mar seo i dtosach agus ansin an míniú seo a chur i gcomhthéacs an téama thuas.

- Feicimid mianta simplí, traidisiúnta an fhir ón tús. Ba mhaith leis bean a phósadh a bheadh sásta teacht chun cónaithe leis ina cheantar dúchais, i measc a mhuintire féin. (Línte 1–2)
- Theastaigh saol suaimhneach, le grá ('gean') uaidh cois tine ina theach féin. (Línte 3–4)
- Ba mhian leis sult agus pléisiúr a bhaint as páistí a thógáil leis an mbean a phós sé. (Línte 5–6)
- Bhí malairt tuairimí ag an mbean faoin bpósadh, faraor. Theastaigh fear uaithi siúd a d'fhágfadh leath an údaráis aici. (Línte 7–8)
- Ba mhaith léi foscadh (teach compordach) agus leath den saibhreas a bhí ag an lánúin. (Línte 9–10)
- Bhí laethanta saoire thar sáile uaithi agus meas na gcomharsan a bheadh ag faire orthu. (Línte 11–12)
- Ar deireadh thiar, feictear dúinn gur tháinig an bheirt acu ar réiteach na faidhbe agus gur shocraigh siad scaradh ó chéile. (Línte 13–14)

Mothúcháin

Má bhíonn ort ceist a dhéanamh ar na mothúcháin sa dán, mínigh cá háit a bhfuil na mothúcháin seo a leanas agus conas mar a chuirtear os ár gcomhair iad.

- Saint
- Leithleachas
- Dóchas
- Grá
- Saoirse
- Neamhspleáchas
- Ábharachas
- Ardnósacht
- Míshonas
- Doilíos nó brón

- Éadóchas
- Searbhas an fhile i dtaobh na beirte sa lánúin.

Teicníocht

Baineann an file úsáid éifeachtach as na nithe seo a leanas chun téama/ábhar an dáin a léiriú dúinn.

- Athrá ('shantaigh')
- Friotal lom, gonta simplí
- Codarsnacht
- Meafair ('i nead a chine, ar leac a thine, taobh den bhríste, leath den chíste')
- Críoch thobann bhorb.

Meadaracht an dáin

- Tá **'rosc'** mar mheadaracht sa dán seo, 'sé sin tá dhá bhéim i ngach líne, seachas línte 13 agus 14.

  'Shantaigh sí fear
  is taobh den bhríste'

- Tá **comhfhuaim agus rím** le tabhairt faoi deara freisin ag deireadh na gcorrlínte agus na rélínte, 'bean, gean, greann' agus 'chine, thine, chlainne'.

Obair duit

1. An úsáid a bhaineann an file as meafair sa dán 'Colscaradh' a phlé.
2. 'Faighimid léargas diúltach ar an saol pósta sa dán seo.' Do thuairim uait faoi sin.
3. Cad iad na mothúcháin is láidre atá le feiceáil sa dán seo, dar leat?

Cuimhnigh!

Agus tú ag freagairt ceiste ar an bhfilíocht, moltar duit gan na nótaí thuas a úsáid focal ar fhocal. Caithfidh tú tagairt a dhéanamh don cheist/ráiteas atá os do chomhair agus tú ag freagairt agus ansin is féidir leat cur le do fhreagra leis na nótaí thuas.

CEIST SHAMPLACH

'Faighimid léargas diúltach ar an saol pósta sa dán "Colscaradh".' Do thuairim uait faoi sin.

FREAGRA SAMPLACH

Níl aon amhras ach gur ***léargas diúltach*** den phósadh atá curtha os ár gcomhair sa dán seo. Is é téama an dáin ná an choimhlint a tharlaíonn go minic idir lánúineacha pósta nuair a bhíonn a gcuid mianta pearsanta féin níos tábhachtaí dóibh ná an grá. Faighimid ***léargas dearóil*** ar an bpósadh anseo agus tá coimhlint agus codarsnacht láidir idir mianta an fhir, *'Shantaigh sé bean/i nead a chine ...'* agus dúil na mná sa phósadh *'Shantaigh sí fear/is taobh den bhríste ...'* Is beag tagairt don ghrá atá sa dán tríd síos agus is dócha gurb é sin croílár na faidhbe sa chaidreamh idir an lánúin. Níl aon réiteach dóibh ag an deireadh, dar leis an bhfile, ach scarúint lena chéile – *'Scaradar.'*

Feicimid an chodarsnacht idir mianta na beirte go soiléir idir an chéad agus an dara véarsa. Tosaíonn an dá rann leis an mbriathar láidir 'Shantaigh', a chuireann saint agus leithleachas i gcuimhne dúinn ***(tréithe diúltacha, gan dabht)***. Taobh amuigh den bhriathar sin, níl mórán cosúlachtaí idir an sórt saoil a theastaigh uathu ón saol pósta.

Bhí saol níos simplí ag teastáil ón bhfear. Ba mhaith leis bean a phósadh a bheadh sásta páistí a sholáthar dó ina cheantar dúchais féin agus go dtabharfadh sise aire do na páistí sin sa *'nead'* (meafar). Ar an lámh eile, bhí fear nua-aimseartha ag teastáil ón mbean – fear a d'fhágfadh a cuid saoirse, údaráis agus a neamhspleáchas aici, fear a bheadh in ann saol sona, ábharaíoch a thabhairt di, 'Saoire thar lear/is meas na mílte'.

Críochnaíonn an dán go borb agus ***ar nóta ciniciúil***. Deir an file nach raibh aon réiteach ann don bheirt ach imeacht óna chéile agus scaradh. Is léir nach raibh an bheirt sa phósadh seo in ann maireachtáil le chéile go sona in aon chor, mar sin, agus go raibh ***droch-chaidreamh eatarthu***.

Is dócha go bhfeiceann tú, mar sin, nach leor tagairt amháin don cheist i do fhreagra. Bíonn ort aird a thabhairt ar an gceist tríd síos. Ádh mór ort!

An tEarrach Thiar

le Máirtín Ó Direáin

Fear ag glanadh **cré**
De ghimseán spáide
Sa gciúnas **shéimh**
I mbrothall lae
Binn an fhuaim
San Earrach thiar.

Fear ag caitheadh
Cliabh dhá dhroim
Is **an fheamainn** dhearg
Ag lonrú
I dtaitneamh gréine
Ar dhuirling bháin.
Niamhrach an radharc
San Earrach thiar.

Mná i **locháin**
In íochtar diaidh-thrá,
A gcótaí **craptha**,
Scáilí thíos fúthu:
Támh-radharc síothach
San Earrach thiar.

Toll-bhuillí **fanna**
Ag **maidí rámha**
Currach lán d'éisc
Ag teacht chun cladaigh
Ar **ór-mhuir** mhall
I ndeireadh lae
San Earrach thiar.

Gluais

cré: *clay*
De ghimseán spáide: *off the thread of a spade*
shéimh: *álainn*
I mbrothall: *i dteas*
Cliabh: *basket*
an fheamainn: *the seaweed*
Ag lonrú: *ag taitneamh*
Ar dhuirling: *ar thrá chlochach*
Niamhrach: *álainn/geal*
locháin: *ponds*
íochtar diaidh-thrá: *bun na hísealtaoide*
craptha: *tógtha suas acu*
Scáilí: *reflections*
Támh-radharc síothach: *radharc suaimhneach síochánta*
Toll-bhuillí fanna: *buillí laga*
maidí rámha: *oars*
ór-mhuir: *dath órga ar an bhfarraige faoi sholas gréine*

An file

Rugadh Máirtín Ó Díreáin ar Inis Mór, Árainn sa bhliain 1910. B'fheirmeoir beag é a athair agus níor labhair Máirtín ach Gaeilge go dtí go raibh sé ina dhéagóir. Thosaigh sé ag obair in oifig an phoist i nGailimh sa bhliain 1928 agus b'aisteoir é i dTaibhdhearc na Gaillimhe ó 1928 go dtí 1937. I 1938 chuaigh sé go Baile Átha Cliath agus thosaigh sé ag obair leis an Roinn Oideachais. B'ansin a thosaigh sé ag scríobh filíochta. Bhí fonn air i gcónaí filleadh ar a oileán dúchais agus tá an méid sin le feiceáil go soiléir ina chuid dánta. D'fhoilsigh sé a chéad cnuasach filíochta, *Coinnle Geala* sa bhliain 1942. Tá cáil mhór ar *Rogha Dánta*, cnuasach eile dánta a seoladh i 1949. Fuair sé bás sa bhliain 1988.

Téama agus príomhsmaointe an dáin

Cad é an téama/an t-ábhar is mó atá chun tosaigh sa dán seo, dar leat? Conas mar a chuirtear an téama/an t-ábhar sin os ár gcomhair sa dán?

Is é an grá an mothúchán is mó sa dán seo. An ráiteas sin a phlé.

Is é téama an dáin seo ná grá an fhile dá cheantar dúchais, sé sin Inis Mór, Oileáin Árann. Tarraingíonn Ó Direáin ceithre íomhá dúinn de ghnáthshaol an oileáin san earrach, íomhánna nach bhfágann aon amhras orainn ach gur saol **idéalach foirfe** é saol an oileáin i súile an fhile. Cruthaíonn an file dúinn freisin, cé go raibh sé ina chónaí sa phríomhchathair, go raibh sé ceangailte riamh ina chuid smaointe le saol an oileáin sin.

ideal, perfect

Sa chéad véarsa, faighimid íomhá d'fhear atá ag glanadh cré dá spád, lá brothallach earraigh, *'Fear ag glanadh cré/De ghimseán spáide'*. Díríonn an file ár n-aird níos mó **ar fhuaimeanna** sa véarsa seo. Luann sé ciúnas álainn an lae agus binneas fuaime an spáid le cloisteáil sa chiúnas sin. Sa dara véarsa, freisin, tugtar cur síos ar fhear eile atá ag obair agus é ag bailiú feamainne le cur amach ar an talamh mar **leasú** níos déanaí, is dócha. Tá béim mhór ar na dathanna agus ar an radharc anseo, ar ndóigh. Luann sé dath dearg na feamainne agus í ag soilsiú faoi sholas geal na gréine ar an trá chlochach bhán. 'Niamhrach an radharc', a deir sé, ag léiriú dúinn arís an meas agus **cion** atá aige ar shaol na tuaithe.

on sounds

fertiliser

love/affection

Gnáth radharc eile atá os ár gcomhair i véarsa a trí, iad na mná atá ag obair anseo. Is cosúil go bhfuil siadsan ag bailiú feamainne ar an trá freisin. Dar leis, is radharc suaimhneach síochánta é a bheith ag breathnú ar na mná agus a gcuid cótaí curtha ar leataobh, a gcuid scáthanna le feiceáil sna **loganna uisce** agus an taoide amuigh, *'Scáilí thíos fúthu:/Támh-radharc síothach'*. Braithimid síocháin na hócáide anseo.

hollows containing water

Cloisimid fuaimeanna taitneamhacha arís sa véarsa deireanach nuair a luaitear na maidí rámha atá le cloisteáil ag teacht isteach ar an bhfarraige 'mhall'. Is cosúil go bhfuil lá maith oibre déanta ag na hiascairí, agus báid (*'currach'*) lán d'éisc acu. Tá dath deas órga na farraige um thráthnóna le tabhairt faoi deara againn anseo, rud a chruthaíonn dúinn arís chomh hidéalach is atá an file agus é ag smaoineamh ar shaol mhuintir Árann. Tríd síos an dán, feicimid an easpa brú agus deifre atá ar na daoine ar an oileán agus iad ag obair agus ag comhoibriú leis an dúlra ansin: *'Ag teacht chun cladaigh/Ar ór-mhuir mhall'*. Tá an grá mar théama láidir sa dán seo, gan dabht.

Mothúcháin

Má bhíonn ort ceist a fhreagairt ar na mothúcháin sa dán, mínigh cá háit a bhfuil na mothúcháin sin agus conas mar a chuirtear os ár gcomhair iad.

- Suaimhneas nó Aoibhneas
- Grá áite
- Sonas
- Síocháin
- Maoithneachas an fhile dá oileán agus é ina chónaí i mBaile Átha Cliath
- Idéalachas
- Taitneamh nó Pléisiúr
- Brón.

Teicníocht

Baineann an file úsáid éifeachtach as na nithe seo a leanas chun téama/ábhar an dáin a léiriú dúinn.

- Íomhánna taitneamhacha, soiléire
- Dathanna
- Fuaimeanna
- Athrá
- Friotal lom, gonta, simplí
- Mothúcháin shoiléire.

Meadaracht an dáin

- **Saorvéarsaíocht** atá sa dán seo, rud a ligeann don fhile a chuid mothúchán a chur in iúl dúinn go soiléir.
- Tá **dhá bhéim i gcuid de na línte.**
- Tá **luas mall** ann, rud a oireann go mór d'atmaisféar an dáin agus don easpa brú a bhí ar na daoine ina slite beatha.

Obair duit

1. 'Is dán maoithneach é seo ina dtugann an file pictiúr rómánsúil dúinn de shaol idéalach, foirfe an oileáin.' Cad é do mheas ar an tuairim sin?
2. Nóta gairid uait ar mheadaracht an dáin.
3. Tabhair cuntas gairid ar an atmaisféar sa dán, mar a fheictear duitse é.

Mo Ghrá-sa (idir lúibíní)

le Nuala Ní Dhomhnaill

Níl mo ghrá-sa
mar bhláth na n-**airní**
a bhíonn i ngairdín
(nó ar chrann ar bith)

is má tá **aon ghaol** aige
le **nóiníní**
is as a chluasa a fhásfaidh siad
(nuair a bheidh sé **ocht dtroigh síos**)

ní haon ghlaise cheolmhar
iad a shúile
(táid **róchóngarach** dá chéile
ar an gcéad dul síos)

is más slim é síoda
tá ribí a ghruaige
(mar bhean dhubh Shakespeare)
ina wire **deilgní.**

Ach is cuma sin.
Tugann sé dom
Úlla
(is nuair a bhíonn sé i ndea-ghiúmar **caora fíniúna**).

Gluais

airne: *blackthorn/sloe*
aon ghaol: *aon chaidreamh*
nóiníní: *daisies*
ocht dtroigh síos: *eight feet under*
ní haon ghlaise cheolmhar: *no musical stream*
róchóngarach: *ró-ghar*
is más slim é síoda: *if silk is smooth*
deilgní: *barbed*
caora fíniúna: *grapes*

An file

Rugadh Nuala Ní Dhomhnaill i Sasana sa bhliain 1952 ach tógadh í i gCorca Dhuibhne, Co Chiarraí. D'fhreastail sí ar an ollscoil i gCorcaigh agus bhain sí céim amach sa mhúinteoireacht. Chaith sí tréimhse ag múineadh, ach is mar fhile náisiúnta agus idirnáisiúnta atá aithne uirthi anois. Tá cuid mhaith leabhar filíochta foilsithe aici agus roinnt mhaith duaiseanna agus gradam buaite aici i gcaitheamh na mblianta.

Tá cáil mhór ar a cuid filíochta go náisiúnta agus go hidirnáisiúnta. Aistríodh roinnt mhaith dá cuid dánta ag filí aitheanta ar nós Séamus Heaney, Medbh McGurkian agus Paul Muldoon. Tá aistriúchán ar chuid dá saothair ar fáil san Iodáilis, sa tSeapáinis agus sa Tuircis freisin.

Téama an dáin

Príomhthéama an dáin seo a phlé.

'Tá an grá níos treise sa dán seo ná aon mhothúchán eile'. É sin a phlé.

Cad iad príomhsmaointe an fhile sa dán seo, dar leat?

Is é grá an file **dá leannán** téama an dáin seo. Is fíor, áfach, nach gnáthdhán grá é. Tá cur síos magúil, **aorúil,** ach ag an am céanna, **réadúil** ar an ngrá, atá i gcroí an fhile, dá grá geal. Tuigeann sí go maith go bhfuil an phearsantacht agus tréithe pearsanta an duine i bhfad níos tábhachtaí ná cuma fisiciúil an duine. Chun an méid sin a chruthú dúinn, téann sí **thar fóir** beagáinín sa léiriú a dhéanann sí ar mhídhathúlacht an fhir, *'tá ribí a ghruaige/ina wire deilgní'*. D'fhéadfaí a rá go bhfuil sí **maslach** agus scigiúil ina leith.

for her lover

satirical

realistic

overboard/ over the top

insulting

Sna seandánta grá, dhéanadh an file cur síos áibhéileach ar dhathúlacht a leannáin. B'fhir iad na filí den chuid is mó agus bhíodh an bhean léirithe mar spéirbhean nó bandia éigin, a mbíodh na sluaite fir i ngrá léi, toisc í a bheith chomh hálainn sin. Dhéanadh sé ansin í a chur i gcomparáid le gnéithe áille ón dúlra, mar shampla, 'grian os cionn gairdín', 'bláth bán na n-airne' (as an dán *Bríd Óg Ní Mháille*). Ní cur síos mar sin atá le feiceáil againn sa dán seo, ámh, ach a mhalairt ar fad.

Roghnaíonn an file seo íomhánna áille ón dúlra, (an airne ina measc), ach in ionad a leannán a chur ar comhchéim leo seo, deir sí nach bhfuil aon chosúlacht eatarthu, 'Níl mo ghrá-sa/mar bhláth na n-airní'. Níl a grá geal dathúil! Is dócha go bhfuil Nuala Ní Dhomhnaill ag déanamh ceap magaidh de na dánta agus na hamhráin ghrá agus de choincheap an ghrá i gcoitinne sa saol seo. Is cosúil go gceapann sí go bhfuil an iomarca béime sna meáin freisin ar an áilleacht fhisiciúil agus nach dtuigtear tábhacht charachtar an duine go minic. Is **aoir éadrom** é an dán seo mar sin.

light satire

Tá áit thábhachtach ag na lúibíní sa dán, ar ndóigh. Feictear i dtosach iad sa teideal *'idir lúibíní'* agus tuigimid uathu anseo, cé go bhfuil an file i ngrá lena grá geal, nach bhfuil sí lánchinnte faoina cuid mothúcháin na leith. Sa chéad trí véarsa, seasann na lúibíní do **réalaíocht an tsaoil**, agus taispeánann sí leo nach bhfuil aon rud ná duine ar an saol seo gan locht *'nó ar chrann ar bith'*, *'táid róchóngarach dá chéile/ar an gcéad dul síos)'*. I véarsa a ceathair, tá tagairt do dhán cáiliúil Shakespeare ina ndéanann sé cur síos magúil ar a ghrá geal (a bhean dhubh), a thug inspioráid dó ina chuid filíochta, ach a raibh 'black wires' ag fás ar a ceann!

the reality of life

Sa véarsa deireanach, tá teachtaireacht an dáin le feiceáil arís idir na lúibíní. Sna línte rompu seo, tuigimid gur cuma leis an bhfile faoi dhathúlacht a fir, toisc go bhfuil sé in ann *'Úlla'* a chur ar fáil di, sé sin riachtanais na beatha. Uaireanta, freisin, bronnann sé *'caora na finiúna'* uirthi, 'sé sin sólaistí na beatha, ach i súile an fhile, is cuma faoi na bronntanais, a fhad is atá sé in ann na **bunriachtanais** a thabhairt di.

basic necessities

Línte an dáin

Má iarrtar ort línte áirithe den dán a mhíniú, is féidir leat na línte sin a mhíniú mar seo i dtosach agus ansin an míniú seo a chur i gcomhthéacs an téama thuas.

- Ní féidir leis an bhfile bláth ar bith a chur i gcomparáid lena grá geal, toisc nach bhfuil sé dathúil, mar atá na bláthanna. Tá an tsamhail seo, 'Níl mo ghrá-sa/mar bhláth na n-airní' an-éifeachtach, mar léirítear neamháilleacht an fhir léi. Tá fíormhothúcháin an fhile le feiceáil sna lúibíní, áfach, níl dathúlacht gan locht le fáil aon áit. (Véarsa 1)
- Tá sí magúil i leith a leannáin nuair a úsáideann sí íomhá na 'nóiníní'. Deir sí, má bhíonn aon bhaint aige leo, gur as a chluasa a fhásfaidh siad, nuair a bheidh sé faoin bhfód (marbh) agus nach cuma faoin am sin ar aon chaoi, a deir sí sna lúibíní. Ní bheidh aon tábhacht ag baint lena dhathúlacht ansin. (Véarsa 2)
- Cáineann sí a shúile ansin, agus deir sí linn nach aon sruth draíochtúil iad. Idir lúibíní feicimid go bhfuil a shúile róghar dá chéile. Taispeánann na lúibíní céanna, áfach, nach tábhachtach di a thréithe fisiciúla. (Véarsa 3)
- Tá tagairt anseo do Shoinéad 130 Shakespeare, ina ndéanann an file cur síos aorúil, magúil ar chruth a ghrá geal. Tuigimid, áfach, gur cuma le Shakespeare faoina cruth fisiciúil, cosúil leis an bhfile seo. Cosúil le Shakespeare, cuireann sí gruaig a leannáin i gcomparáid le sreang dheilgneach. Tá codarsnacht anseo freisin idir an 'síoda' agus na 'deilgní' (Véarsa 4)
- Ta fíor mhothúcháin an fhile le sonrú sa rann deiridh. Tugann sí le fios dúinn nach miste léi faoi chruth fisiciúil a fir, toisc go bhfuil sé in ann riachtanais na beatha agus grá a thabhairt di. Is cuma léi faoi bhronntanais nó sólaistí na beatha, má bhíonn 'Úlla' aici. (Véarsa 5)

Mothúcháin

Má bhíonn ort ceist a dhéanamh ar na mothúcháin sa dán, mínigh cá háit a bhfuil na mothúcháin sin agus conas mar a chuirtear os ár gcomhair iad.

- Grá
- Magadh
- Greann
- Ciniciúlacht.

Teicníocht

Baineann an file úsáid éifeachtach as na nithe seo a leanas chun téama/ábhar an dáin a léiriú dúinn.

- Samhail (líne 2)
- Meafair ('ghlaise cheolmhar', 'úlla', srl)
- Codarsnacht
- Greann
- Íomhánna ón dúlra
- Lúibíní.

Meadaracht an dáin

- **Saorvéarsaíocht** atá sa dán.
- Tá an **friotal simplí**, ach úsáideann an file **téarmaí ó na seandánta grá,** mar shampla, 'bláth na n-airní' agus 'nóiníní'.
- Níl ach **sampla amháin d'uaim** sa dán, 'sé sin i líne 13, 'más slim é síoda'

Obair duit

1. 'Tá áibhéil go mór i gceist sa chur síos a dhéanann an file ar chruth agus ar thréithe a fir sa dán seo'. Do thuairim uait faoi sin.
2. 'Baintear úsáid as íomhánna ón dúlra sa dán'. A n-éifeacht, dar leat, chun cur síos a thabhairt dúinn ar an bhfear.
3. Tábhacht na lúibíní sa dán seo, i do thuairim.

An Spailpín Fánach

Ní fios cé a chum

Im **spailpín fánach** atáim le fada
ag seasamh ar mo shláinte,
ag siúl **an drúchta** go moch ar maidin
's ag bailiú **galair ráithe**;
ach glacfad fees ó **rí na gcroppies**,
cleith is píc chun sáite
's go brách arís ní ghlaofar m'ainm
Sa tír seo, an spailpín fánach.

Ba mhinic **mo thriall** go Cluain gheal Meala
's as sin go Tiobraid Árann;
i gCarraig na Siúire thíos **do ghearrainn**
cúrsa leathan láidir;
i gCallainn **go dlúth 's mo shúiste im ghlaic**
ag dul chun tosaigh ceard leo
's nuair théim go Durlas **'s é siúd bhíonn agam** –
'**Sin chú'ibh** an spailpín fánach!'

Go deo deo arís **ní raghad** go Caiseal
ag díol ná **ag reic** mo shláinte
ná **ar mhargadh na saoire** im shuí cois balla,
im **scaoinse** ar leataoibh sráide,
bodairí na tíre ag tíocht ar a gcapaill
á fhiafraí an bhfuilim hireálta:
'Ó téanam chun siúil, tá an **cúrsa** fada' –
siúd ar siúl ar an spailpín fánach.

Gluais

spailpín fánach: *wandering farm labourer*
ag seasamh ar: *ag brath ar*
an drúchta: *dew*
galair ráithe: *galar a mhairfeadh trí mhí*
rí na gcroppies: *Ceannaircigh Éireannacha sa bhliain 1798*
cleith is píc chun sáite: *a pole and a pike*
mo thriall: *mo thuras/mo chuairt*
do ghearrainn: *I used to cut*
cúrsa leathan láidir: *wide lines of grass/oats/corn*
go dlúth 's mo shúiste im ghlaic: *earnestly, my flail in hand*
ag dul chun tosaigh ceard leo: *ahead of them in my work*
's é siúd bhíonn agam: *is é a chloisim ná*
Sin chú'ibh: *here comes*
ní raghad: *ní rachaidh*
ag reic: *selling away*
ar mhargadh na saoire: *an margadh fruilithe (hiring)*
scaoinse: *amadán*
bodairí: *big loutish farmers*
téanam chun siúil: *ar aghaidh linn*
cúrsa: *bóthar atá le siúl*
siúd siúl: *imíonn*

Téama an dáin

Cad é téama/ábhar an dáin seo agus conas mar a léiríonn an file dúinn é?

Céard iad príomhsmaointe an fhile mar a léirítear dúinn iad sa dán?

'Faighimid léargas maith ar an saol a bhí á chaitheamh ag muintir na hÉireann ag deireadh an 18ú haois'. Céard iad na gnéithe den saol sin a fheicimid sa dán seo?

hardship

Penal Laws

suffering

landlords

Is é téama an dáin seo ná **cruatan agus cruachás** ghnáthmhuintir na hÉireann nuair a bhí na Sasanaigh i réim sa tír seo agus **na Péindlíthe** i bhfeidhm ag deireadh an 18ú haois. Bhí gnáthmhuintir na tíre **ag fulaingt** go mór sa tréimhse sin, toisc gur caitheadh amach as a dtailte iad agus go raibh orthu dul ó áit go háit chun obair a lorg ó na **tiarnaí talún**, cosúil leis an *'spailpín fánach'* sa dán seo.

the United Irishmen

manual labourer/slave

Ba théarma maslach é *'spailpín fánach'* agus b'fhuath leis an bhfile an teideal sin a bheith air. Theastaigh uaidh an scéal sin a athrú ina shaol féin agus dul ag troid in aghaidh na nGall, leis **na hÉireannaigh Aontaithe.** Sa chaoi sin, *'go brách arís ní ghlaofar m'ainm/sa tír seo, an spailpín fánach.'* Feicimid go soiléir an saol crua a d'fhulaing sé mar oibrí feirme nó **sclábhaí** sa chéad véarsa. Bhíodh air éirí go luath ar maidin agus ba mhinic é tinn ó bheith *'ag siúl an drúchta'*.

oats or corn

Sa dara rann, deirtear linn go ndearna sé an-chuid taistil ina chuid oibre. Théadh sé ó Chluain Meala go Tiobraid Árann. Dhéanadh sé obair dhian i gCarraig na Siúire, ag baint an fhéir nó **coirce nó arbhair**. An rud is mó a chuir isteach air faoi, áfach, ná nár thaispeáin na huaisle (*'bodairí'*) meas dá laghad air. Chloiseadh sé iad ag rá *'Sin chú'ibh an spailpín fánach!'*

1798 Rising

miserable

Léiríonn sé a chuid fíor mhothúcháin dúinn i dtaobh na nGall arís i véarsa a trí. In ionad fanacht ina shuí ar thaobh na sráide ag éisteacht leis na *'bodairí'* (téarma maslach) agus ag cur ceiste *'an bhfuilim hireálta'*, rachaidh sé san arm ag troid ar son chearta na ndaoine in Éirinn. Tá sé tinn tuirseach dá shaol mar spailpín agus go háirithe den chaoi a gcaitear lena leithéid. Tá socrú déanta aige anois an saol sin a fhágáil, toisc an bród atá air as féin agus an tírghrá atá go dlúth ann freisin. Glacfaidh sé le pá ó na *croppies* anois, beidh sé armtha le sleá agus píce agus glacfaidh sé páirt san **Éirí Amach (1798).** Beidh sé bródúil as an obair sin a dhéanamh agus, ina theannta sin, éalóidh sé ón saol **dearóil** atá aige anois mar sclábhaí.

Línte an dáin

Má iarrtar ort línte áirithe den dán a mhíniú, is féidir leat na línte sin a mhíniú mar seo i dtosach agus ansin an míniú seo a chur i gcomhthéacs an téama thuas.

- Tá an file ina sclábhaí feirme le fada anois. Bíonn air a bheith ina shuí go luath le haghaidh a chuid oibre agus siúl sa drúcht. Is minic a bhíonn sé tinn dá bharr, dar leis. Beidh sé sásta an saol sin a fhágáil ina dhiaidh, áfach, agus airgead a ghlacadh 'ó rí na gcroppies' (an t-ainm a thugtaí ar na ceannaircigh Éireannacha le linn Éirí Amach 1798). Beidh sé armtha le sleá agus píce chun daoine a mharú agus, dá bhrí sin, ní bheidh aon duine sa tír in ann an téarma maslach 'spailpín fánach' a thabhairt air. (Véarsa 1)
- Insíonn an file dúinn sa dara véarsa faoin taisteal fada, tuirsiúil a rinne sé mar sclábhaí feirme. Théadh sé ó Chluain Meala álainn go Tiobraid Árann. Is léir dúinn go ndearna sé obair dhian i gCarraig na Siúire, ag baint an fhéir agus i gCallainn, gur bhain sé arbhar lena 'shúiste' ina lámh. Dar leis féin, bhí sé níos fearr ag an obair sin ná na hoibrithe eile ar fad. Nuair a théann sé go Durlas, áfach, cloiseann sé daoine ag rá go bhfuil an 'spailpín fánach' ag teacht agus cuireann sé sin isteach go mór air. (Véarsa 2)
- Geallann sé nach rachaidh sé go brách arís go dtí an margadh i gCaiseal, ar mhaithe lena shláinte. B'aonach fruilithe (nó fostaíochta) é an margadh sin; áit a mbíodh na sclábhaithe ag fanacht leis na feirmeoirí móra saibhre, ag súil le hobair a fháil uathu. Ní fhanfaidh an file mar 'scaoinse' (amadán) leis na bodairí ag teacht ar a gcapaill (téarma maslach do na fir saibhre), agus iad ag fiafraí an bhfuil sé hireálta. Is gráin leis na horduithe a chloiseann sé ó na bodairí céanna, agus iad ag rá leis brostú ina ndiaidh ag siúl taobh thiar de na capaill, toisc go bhfuil bóthar fada le siúl acu. (Véarsa 3)

Mothúcháin

Má bhíonn ort ceist a dhéanamh ar na mothúcháin sa dán, mínigh cá háit a bhfuil na mothúcháin sin agus conas mar a chuirtear os ár gcomhair iad.

- Tírghrá
- Féinbhród nó féinmheas
- Náire
- Fearg agus frustrachas
- Dóchas
- Tuirse
- Fuath
- Brón.

Teicníocht

Baineann an file úsáid éifeachtach as na nithe seo a leanas chun téama/ábhar an dáin a léiriú dúinn.

- Friotal lom, gonta.
- Íomhánna soiléire
- Codarsnacht (idir a shaol mar atá agus an saol a bheidh aige)
- Caint dhíreach ('Sin chú'ibh an spailpín fánach')
- Athrá.

Meadaracht an dáin

- Tá an mheadaracht sa dán seo **bunaithe ar mheadaracht an amhráin.**
- Tá **ocht líne i ngach véarsa.**
- Tá **trí bhéim sna rélínte** agus **ceithre bhéim sna corrlínte.**
- Tá **comhfhuaimeanna** le tabhairt faoi deara, go háirithe san fhuaim ***á***, agus ag deireadh cuid de na rélínte freisin, mar shampla ***sláinte*** agus ***ráithe***, ***sláinte*** agus ***sráide***.

Obair duit

1. 'Is léargas suarach, diúltach a fhaighimid ar na Gaill agus na tiarnaí talún in Éirinn ag deireadh an 18ú haois.' Cad é do mheas féin ar an ráiteas sin?
2. Cuntas uait ar na híomhánna a chuirtear os ár gcomhair sa dán.
3. Nóta gairid ar mheadaracht an dáin.

6 An Filíocht Bhreise Ardleibhéil

Treoracha

- This question carries **40 marks (6.66%)**.
- There will be a **choice** here. Students must answer on *Filíocht Bhreise* (five poems on the following pages) **OR** *Prós Breise* (*An Triail, A Thig Ná Tit Orm,* etc.). *Prós Breise* also carries 40 marks.
- *Féach ar na moltaí thuas (Caibidil 4). Is mar an gcéanna a fhreagróidh tú na ceisteanna ar na dánta seo.*

Cuimhnigh!

Bí cinnte go bhfuil d'aird ar an gceist atá á freagairt agat an t-am ar fad.

Fill Arís

le Seán Ó Ríordáin

Fág Gleann na nGealt thoir,
Is a bhfuil d'aois seo ár dTiarna i d'fhuil,
Dún d'intinn ar ar tharla
Ó buaileadh Cath Chionn tSáile,
Is ón uair go bhfuil an t-ualach trom
Is an bóthar fada, bain ded mheabhair
Srathair shibhialtacht an Bhéarla,
Shelley, Keats is Shakespeare:
Fill arís ar **do chuid,**
Nigh d'intinn is nigh
Do theanga a chuaigh ceangailte **i gcomhréiribh**
'Bhí bunoscionn le **d'éirim:**
Dein d'fhaoistin is dein
Síocháin **led ghiniúin féinig**
Is led thigh-se féin is ná tréig iad,
Ní dual do neach a thigh ná a threibh a thréigean.
Téir faobhar na faille siar tráthnóna gréine go Corca Dhuibhne,
Is **chífir** thiar ag **bun na spéire ag ráthaíocht** ann
An Uimhir Dhé, is an Modh Foshuiteach,
Is an tuiseal gairmeach ar bhéalaibh daoine:
Sin é do dhoras,

Dún Chaoin fé sholas an tráthnóna,
Buail is osclófar
D'intinn féin is **do chló ceart.**

Gluais

Is a bhfuil d'aois seo ár dTiarna i d'fhuil: *agus aon rud a bhaineann leis an nua-aois seo (anything modern)*
Is ón uair go bhfuil an t-ualach trom: *Is toisc go bhfuil meáchan trom le hiompar agat (toisc go bhfuil sé deacair)*
Srathair shibhialtacht an Bhéarla: *the bond of English civilisation*
do chuid: *do chultúr/dúchas féin*
i gcomhréiribh: *in foreign expressions*
d'éirim: *d'intinn*
Dein d'fhaoistin: *make your confession*
led ghiniúin féinig: *do dhúchas féin*
Ní dual do neach: *ní rud nádúrtha é d'aon duine*
Téir faobhar na faille siar: *téigh siar ar bhóthar garbh na haille*
chífir: *feicfidh tú*
bun na spéire ag ráthaíocht: *on the horizon – éisc bailithe timpeall go flúirseach*
An Uimhir Dhé, is an Modh Foshuiteach, Is an tuiseal gairmeach ar bhéalaibh daoine: *an ghramadach go nádúrtha i gcaint na ndaoine*
do chló ceart: *do dhúchas ceart*

An file

Rugadh Seán Ó Ríordáin i nGaeltacht Bhaile Bhuirne, Co Chorcaí, sa bhliain 1917. Nuair a bhí sé cúig bliana déag d'aois, d'aistrigh a mhuintir go dtí baile beag i gContae Chorcaí agus is cosúil go ndeachaigh sé sin go mór i bhfeidhm air ina shaol ina dhiaidh sin. **Bhraith sé uaidh** an Ghaeilge agus muintir na Gaeltachta. D'fhulaing sé ó **eitinn** ó bhí sé fiche bliain d'aois agus, mar sin, chaith sé an-chuid dá shaol ina leaba. Dúradh ina leith go minic, freisin, go raibh sé aisteach toisc go raibh sé aonarach agus uaigneach sa chaoi inar mhair sé. B'fhile an-aitheanta é agus foilsíodh trí chnuasach filíochta leis i rith a shaoil. Fuair sé bás sa bhliain 1977.

he missed

TB = tuberculosis

Téama an dáin

Cad is téama/ábhar don dán thuas agus conas mar a léirítear dúinn é sa dán?

'Tá an tírghrá le feiceáil go soiléir san fhile sa dán seo'. É sin a phlé.

Cad iad príomhsmaointe an fhile sa dán seo?

Is é grá an fhile dá theanga dhúchais agus dá chultúr dúchais téama an dáin seo. Is **dán meafarach** é ina molann an file do mhuintir na hÉireann dul ar ais go dtí an Ghaeltacht chun an **fíorchultúr** Gaelach agus fíortheanga na Gaeilge a bhlaiseadh. Iarrann sé orainn dearmad a dhéanamh ar ar tharla ó bhí Cath Chionn tSáile ann, áit ar chaill na taoisigh Ghaelacha an cogadh, agus an saol gallda a fhágáil inár ndiaidh. Is léir ón gcéad líne den dán 'Fág Gleann na nGealt thoir' gur fuath leis

metaphorical poem

real culture

an bhfile tionchar na nGall ar an tír agus go gcreideann sé nach bhfuil suaimhneas ná síocháin ar bith le fáil aon áit ach thiar i gCorca Dhuibhne.

Tá sé soiléir don léitheoir ón úsáid a bhaineann an file as an Modh Ordaitheach síos tríd an dáin, 'Fág/dún/glan/fill', srl, nach bhfuil Ó Ríordáin amhrasach ina chuid tuairimí agus go bhfuil sé **ag cur ina luí ar a chuid léitheoirí** go bhfuil sé in am dóibh éirí as an gcultúr iasachta gallda agus gníomh a dhéanamh. D'fhéadfaí a rá freisin go bhfuil sé ag tabhairt na comhairle céanna dó féin, toisc go ndeachaigh sé i bhfeidhm go mór air nuair a d'aistrigh a mhuintir ón nGaeltacht go dtí ceantar gallda i gCorcaigh nuair a bhí sé féin cúig bliana déag d'aois.

convincing his readers

Is **cumasach** iad na meafair a fheicimid sa dán freisin. Tá an dán líon lán de mheafair éifeachtacha a léiríonn dúinn arís smaointe agus tuairimí pearsanta an fhile. Is dócha gurb é an meafar is cumhachtaí ná an chodarsnacht atá le feiceáil idir an saol *thoir* agus an saol *thiar* i gCorca Dhuibhne. Tá **mearbhall** ag baint leis an saol iasachta *thoir* ach tá síocháin agus suaimhneas le fáil i saol na Gaeltachta 'tráthnóna gréine' *thiar* i gCorca Dhuibhne. Deir an file linn ár n-intinn a ghlanadh toisc go bhfuil sí 'ceangailte i **gcomhréiribh' an Bhéarla**. Aithníonn sé, áfach, nach mbeidh sé éasca an saol seo a thréigint, toisc go bhfuil muintir na hÉireann chomh ceangailte leis an mBéarla agus leis an saol gallda. Tá 'an t-ualach trom' agus 'an bóthar fada', dar leis. Mar sin féin, **impíonn sé orainn** 'srathair' (ceangal) an Bhéarla agus gach a mbaineann leis 'Shelley, Keats is Shakespeare' a fhágáil agus 'faoistin' a dhéanamh – sé sin **maithiúnas** a fháil ónár ndúchas féin 'led ghiniúin féinig'.

powerful

confusion

the syntax of English

he beseeches us

forgiveness

Tá nóta suaimhneach tíriúil le brath ó líne 17 ar aghaidh. Tugtar cuireadh dúinn anseo dul siar tráthnóna gréine go Corca Dhuibhne, áit a mbeidh **flúirse gramadaí** le foghlaim ó chaint nádúrtha na ndaoine. Beidh an ghramadach 'ag ráthaíocht' ar nós na n-iasc, a deir sé. Níl le déanamh againn ach bualadh ar 'an doras' agus 'osclófar' ár n-intinn 'fé (faoi) sholas an tráthnóna' dár ndúchas féin, 'do chló ceart'. Is íomhá chumasach í sin, freisin.

lots of grammar

Línte an dáin

Má iarrtar ort línte áirithe den dán a mhíniú, is féidir leat na línte sin a mhíniú mar seo i dtosach agus ansin an míniú sin a chur i gcomhthéacs an téama thuas.

- Molann an file dúinn Gleann na nGealt (The Glen of the Mad Men) *thoir* a fhágáil. Is éard is brí leis an bhfocal *thoir* anseo ná aon rud nach bhfuil baint aige leis an gcultúr Gaelach. Iarrann sé orainn an saol nua-aimseartha atá inár gcuid fola a fhágáil (sé sin an saol gallda). (Línte 1–2)
- Cuireann sé comhairle orainn ansin dearmad a dhéanamh ar na rudaí a tharla i gCath Chionn tSáile nuair a chaill na taoisigh Ghaelacha an cath i gcoinne na Sasanach. (Línte 3–4)
- Aithníonn sé nach mbeidh sé éasca ar mhuintir na hÉireann é seo a dhéanamh, áfach, ach iarrann sé orainn iarracht mhór a dhéanamh dearmad a dhéanamh ar ár stair agus ceangal smachtúil an Bhéarla a bhaint dínn. Beidh orainn tionchar na bhfilí Sasanacha a sheachaint, dar leis – Shelley, Keats agus Shakespeare ina measc. (Línte 5–8)
- Impíonn sé orainn arís dul ar ais go dtí ár ndúchas féin agus ár n-intinn a ghlanadh toisc go bhfuil ár dteanga truaillithe le friotal agus nathanna cainte an Bhéarla. Níl an Béarla nádúrtha dúinn, a deir Ó Ríordáin – 'Bhí bunoscionn le d'éirim.' (Línte 9–12)
- Molann sé dúinn faoistin a dhéanamh lenár ndúchas – sé sin a bheith macánta linn féin agus síocháin a dhéanamh lenár gcultúr dúchais agus lenár muintir féin. Iarrann sé orainn gan iad seo a thréigint. Ní rud nádúrtha é do dhuine ar bith, a deir sé, **cúl a thabhairt** lena chultúr féin. Seasann an teach agus an treibh do shaol dúchasach na nGael. (Línte 13–16)

  to forsake

- Tugann Ó Ríordáin cuireadh dúinn anseo. Iarrann sé orainn dul siar bóthar na haille, i measc na gcarraigeacha móra tráthnóna grianmhar go Corca Dhuibhne. Is ansin a bheimid in ann gnéithe gramadaí na Gaeilge a fhoghlaim ó chaint nádúrtha na ndaoine agus ní bheidh aon ghá, mar sin, le leabhair gramadaí. Tá gné de shaol nádúrtha an oileáin le tabhairt faoi deara leis an mbriathar 'ráthaíocht', a chiallaíonn éisc a bheith ag snámh timpeall go flúirseach. 'Séard atá i gceist ag an bhfile leis na focail 'An Uimhir Dhé, is an Modh Foshuiteach/Is an tuiseal gairmeach' ná gnéithe de ghramadach na Gaeilge. (Línte 17–20)
- Cuireann an file íomhá dheas shuaimhneach os ár gcomhair sna ceithre líne dheiridh. Deir sé linn go bhfuil doras romhainn agus taobh thiar de, go bhfuil Dún Chaoin faoi sholas an tráthnóna ag fanacht linn. Ní gá dúinn ach cnagadh ar an doras agus osclófar ár ndúchas féin dúinn arís. (Línte 21–24)

Mothúcháin

Má bhíonn ort ceist a dhéanamh ar na mothúcháin sa dán, mínigh cá háit a bhfuil na mothúchán seo a leanas agus conas mar a chuirtear os ár gcomhair iad.

- Tírghrá
- Mórtas cine
- Fuath (don saol gallda).

Teicníocht

Baineann an file úsáid éifeachtach as na nithe seo a leanas chun téama/ábhar an dáin a léiriú dúinn.

- Caint dhíreach
- Meafair chumasacha (síos tríd an dán)
- Logainmneacha
- Mothúcháin shoiléire
- Íomhánna soiléire
- Codarsnacht
- Friotal lom gonta.

Meadaracht an dáin

- **Saorvéarsaíocht** atá sa dán seo agus oireann sé sin go mór d'ábhar an dáin. Tá smaointe agus tuairimí láidre ag an bhfile agus tugann an tsaorvéarsaíocht deis dó iad sin a nochtadh dúinn go soiléir.
- Tá **comhfhuaimeanna** i ndeireadh na línte anseo is ansiúd, m.sh. *tharla, tsáile agus féinig, thréigean.*
- Tá ***samplaí d'uaim*** sa dán freisin, m.sh. *c̲eangailte i gc̲omhréiríbh agus a th̲igh ná a th̲reabh a th̲réigean.*

Obair duit

1. 'Ba chúis mhór bróin é don fhile gur fhág sé féin agus a mhuintir a cheantar dúchais'. Cén chaoi a bhfuil an téama sin le feiceáil sa dán seo, dar leat?
2. An úsáid a bhaineann an file as meafair sa dán a phlé.
3. Scríobh nóta gairid ar an gcaoi, dar leatsa, a mothódh Ó Ríordáin faoin saol mar atá in Éirinn anois (i gcomhthéacs an dáin thuas).

Éiceolaí

le Biddy Jenkinson

Tá bean **béal dorais** a choinníonn caoi ar a teach,
a fear, a mac,
is **a shíleann** gairdín a choinneáil mar iad, **go baileach.**
Beireann sí **deimheas** ag an uile rud a fhásann.
Ní maith léi fiántas.
Ni fhoighníonn le galar ná **smál** ná **féileacán bán**
ná **piast** ag piastáil
is ní maith léi an bláth a ligfeadh a **phiotail** ar lár.

Cuirim **feochadáin** chuici ar an ngaoth.
Téann **mo sheilidí** de **sciuird oíche** ag ithe a cuid leitíse.
Síneann na **driseacha** agamsa a gcosa **faoin bhfál.**
Is ar an bhféar aici siúd a dhéanann **mo chaorthainnse cuileanna glasa a thál.**

Tá bean béal dorais a choinneodh a gairdín faoi smacht ach ní
fada **go mbainfimid deireadh dúil dá misneach.**

Gluais

béal dorais: *next door*
a shíleann: *a dhéanann iarracht*
go baileach: *neat*
deimheas: *hedge clippers/shears*
smál: *blemish*
féileacán bán: *white butterfly*
piast: *péist/worm*
phiotail: *peitil/petals*
feochadáin: *thistles*
mo sheilidí: *my snails*
sciuird oíche: *on a night raid/rampage*
driseacha: *briars*
faoin bhfál: *faoin gclaí*
mo chaorthainnse cuileanna glasa a thál: *my rowan tree provides greenflies*
go mbainfimid deireadh dúil dá misneach: *go gcuirfimid deireadh lena dóchas*

An file

Is ainm cleite é Biddy Jenkinson agus b'fhearr leis an bhfile gan a fíorainm a nochtadh. Rugadh an bhean seo i mBaile Átha Cliath sa bhliain 1949. Bhain sí céim amach i gColáiste na hOllscoile, Baile Átha Cliath. Tá aithne níos fearr uirthi mar fhile ach tá roinnt drámaí agus scéalta scríofa aici freisin. Tagann an dán seo ón gcnuasach *Baisteadh Gintí* (1986). Níor mhaith léi go n-aistreofaí a cuid dánta go Béarla mar ceapann sí go gcailleann siad a gciall.

Téama agus línte an dáin

Cad é an téama/t-ábhar is láidre sa dán seo? Tabhair cuntas ar a bhfuil le feiceáil den téama/ábhar sin sa dán.

'Is aoir é an dán seo ar an saol nua-aimseartha agus ar na bealaí a gcaitheann daoine leis an dúlra'. É sin a phlé.

Príomhsmaointe an fhile, mar a fheictear iad sa dán seo a phlé.

Is é téama an dáin seo ná an dúlra agus na bealaí a gcaitear leis go minic. Is aoir é an dán ina gcaitheann an file Biddy Jenkinson anuas ar an gcaoi a gcoimeádann a comharsa béal dorais a gairdín. Tá codarsnacht láidir le feiceáil idir an bheirt bhan seo. Is maith leis an gcomharsa gach rud ina gairdínse a bheith foirfe agus ní ghlacfaidh sí le rudaí a bheith mí néata.

Ní maith léi fiántas.
Ní fhoighníonn le galar ná smál ná féileacán bán.

Gearrann sí gach rud a fhásann le deimheas. Cuireann an meon seo fearg ar an bhfile, áfach, mar taitníonn an dúlra go mór léi siúd agus, dar léi, ba cheart saoirse a thabhairt don dúlra. Is cuma léi faoi néatacht agus í ag caint faoin nádúr. Tá **searbhas** le sonrú i ndearcadh an fhile i leith na mná eile agus tá sí magúil ina leith chomh maith. Deir sí linn go ndéanann a comharsa iarracht a gairdín a choinneáil chomh foirfe, néata is a choimeádann sí a teach agus a clann!

sarcasm

Tá bean béal dorais a choinníonn caoi ar a teach,
a fear, a mac,
is a shíleann gairdín a choinneáil mar iad, go baileach.

Is rud nádúrtha álainn é, dar leis an bhfile, go dtiteann peitil de bhláthanna, ach cuireann sé seo isteach ar an mbean béal dorais. Chun cur isteach níos mó uirthi, mar sin, deir an file go **seolann sí** 'feochadáin chuici' sa ghaoth. I rith na hoíche ansin, tugann a cuid seilidí cuairt ar ghairdín na mná agus itheann siad a leitís. Téann na driseoga ó ghairdín an fhile isteach faoin mballa i ngairdín na mná agus titeann na cuileoga glasa a bhíonn ar an gcrann caorthainn i ngairdín an fhile isteach sa ghairdín béal dorais. Ní **leithscéalach** a bhíonn an file faoin méid sin ar fad, ach a mhalairt, bíonn sí searbhasach agus magúil faoi.

she sends

apologetic

Tá críoch shuimiúil, bhríomhar leis an dán. Cé go bhfuil athrá i gceist sa chur síos a thugann an file dúinn ar an gcaoi a gcoimeádann an bhean béal dorais a gairdín, tá difríocht amháin le tabhairt faoi deara. Úsáideann an file an modh coinníollach anseo.

Tá bean béal dorais a choinneodh a gairdín faoi smacht

Tuigimid ón líne saghas **bagrach** seo go bhfuil sé i gceist ag an bhfile gach iarracht a dhéanamh deireadh a chur le dearcadh

threatening

agus iompar na mná eile. Sa líne dheireanach, feictear dúinn leis an aimsir fháistineach go bhfuil sé ar intinn aici stop a chur le dóchas na mná.

ach ní fada go mbainfimid deireadh dúil dá misneach.

Mothúcháin

Má bhíonn ort ceist a dhéanamh ar na mothúcháin sa dán, mínigh cá háit a bhfuil na mothúcháin sin agus conas mar a chuirtear os ár gcomhair iad.

- Grá an fhile don dúlra
- Fearg agus frustrachas
- Magadh agus searbhas
- Greann
- Dímheas ar iompar na mná béal dorais
- Míshástacht
- **Mioscais.** spite/ill will

Teicníocht

Baineann an file úsáid éifeachtach as na nithe seo a leanas chun téama/ábhar an dáin a léiriú dúinn.

- Codarsnacht
- Athrá
- Íomhánna soiléire, éifeachtacha
- Friotal lom, gonta
- Áibhéil
- Samhail ('gairdín a choinneáil mar iad')
- Teideal bríomhar ('Éiceolaí': duine a bhfuil suim aige/aici i bplandaí agus i rudaí a fhásann nó atá beo agus sa ghaol atá acu seo lena dtimpeallacht. Is dócha go bhfuil an file ag caint fúithi féin anseo mar taitníonn fiántas an dúlra léi).

Meadaracht an dáin

- **Saorvéarsaíocht** atá mar mheadaracht sa dán agus oireann an tsaoirse sa fhriotal go mór d'ábhar an dáin, sé sin **an nádúr a bheith míshlachtmhar, fiáin agus saor**.
- Tá **sampla d'uaim i líne 5** ('piast ag piastáil'). Tá onamataipé i gceist anseo freisin.
- Tá **comhfhuaimeanna deiridh** anseo is ansiúd (m.sh. *a teach/a mac, fhásann/fiántas*, srl).

Obair duit

1. 'Tá grá an fhile don dúlra le feiceáil go soiléir dúinn sa dán seo'. An tuairim sin a phlé.
2. Cén éifeacht atá ag an athrá sa dán seo, dar leat? An fíor athrá é? Mínigh.
3. An úsáid a bhaineann an file as codarsnacht sa dán a phlé.

A Chlann

le Máire Áine Nic Gearailt

Dá bhféadfainn sibh a chosaint ar an saol so,
Chosnóinn!
I ngach **bearna baoil,**
Bheadh aingeal romhaibh!
Bheadh bhur mbóthar réidh is **socair-**
Bhúr sléibhte 'na **maolchnoic mhíne-**
Bhúr bhfarraigí **gléghorm**
Ó d'fhág sibh **cé** mo chroí.

Chloífinn fuath is díoltas
Dá dtiocfaidís bhúr ngaor,
Thiocfainn **eadar** sibh is fearg Dé!
Dá bhféadfainn, dhéanfainn rud daoibh
Nár dheineas riamh dom féin-
Mhaithfinn daoibh gach peaca
'**s d'agróinn cogadh ar phéin!**

Fada uaim **a ghluaisfidh sibh,**
Ar bhúr mbealach féin
I bhfiacail **bhúr bhfáistine,**
Ná feicim ach im' bhuairt
Is cuma libh faoin **anaithe**
Nó sin a deir sibh liom-
Ag tabhairt dúshláin faoi aithne na dtuar!

Ní liomsa bhúr mbrionglóidí ná bhur mbealaí,
Ná ní liom bhúr smaointe ná bhur ndearcadh!
Níl baint agam le rogha bhur gcroí-
Le fuacht ná teas
Le lá ná oíche
Níl rogha agam i bhúr dtodhchaí
Níl agam ach guí.

Gluais

bearna baoil: *gap of danger*
socair: *suaimhneach*
maolchnoic mhíne: *round, smooth-topped hills*
gléghorm: *clear blue*
cé: *the quay*
eadar: *idir*
Mhaithfinn daoibh: *thabharfainn maithiúnas daoibh as ...*
d'agróinn cogadh ar phéin: *chuirfinn cogadh ar an bpian*
a ghluaisfidh sibh: *a imeoidh sibh*
bhúr bhfáistine: *bhur dtodhchaí*
anaithe: *an stoirm*
Ag tabhairt dúshláin faoi aithne na dtuar: *taking on the challenge of the future as you see it*

An file

Rugadh Máire Áine Nic Gearailt i bhFionntrá, Co Chiarraí sa bhliain 1946. Ba mhúinteoir bunscoile í ar feadh na mblianta i mBaile Átha Cliath. Bhain sí céim MA sa nua-Ghaeilge amach i gColáiste Phádraig, Maigh Nuad sa bhliain 1995. Tá cáil mhór uirthi mar fhile nua-aimseartha sa Ghaeilge. Tá seisear clainne aici.

Téama an dáin

Cad is téama/ábhar don dán? Tabhair cuntas ar an téama/ábhar sin, mar a fheictear dúinn é.

Cad iad príomhsmaointe an fhile, mar a léirítear iad sa dán?

'Is téama uilíoch é téama an dáin seo'. Do thuairim uait faoi sin.

Is é téama an dáin seo ná grá máthar dá páistí agus an fonn atá uirthi a clann a chosaint ar an **bhfulaingt**, ar an **gcontúirt** agus ar **chruatan** an tsaoil. Is téama **uilíoch** é sin, gan dabht – sé sin, go mbeadh gach máthair nach mór ar an saol seo ag iarraidh an rud céanna a dhéanamh dá páistí. Cé go bhfuil an file idéalach ar bhealach faoi thodhchaí na bpáistí, is léir freisin go bhfuil sí réadúil agus go dtuigeann sí nach bhfuil mórán smachta aici a thuilleadh ar **a gcinniúint**. *'Dá bhféadfainn sibh a chosaint ar an saol so'* a deir sí.

suffering

danger

hardship

universal

a bhfuil i ndán dóibh/ their destiny

Labhraíonn Máire Áine go díreach lena páistí ón teideal ar aghaidh sa dán. Deir sí leo go gcosnódh sí iad ar gach baol agus go mbeadh sí ina h**aingeal coimhdeachta** go deo acu dá bhféadfadh sí é sin a dhéanamh. Úsáideann sí trí mheafar éifeachtacha ansin a léiríonn an saol foirfe a chuirfeadh sí amach rompu. Bheadh bóthar ciúin, suaimhneach, sléibhte míne agus farraigí geala gorma rompu. Leanann sí ar aghaidh le meafar deas eile nuair a dhéanann sí cur síos ar na páistí a bheith ag imeacht ón mbaile, 'cé mo chroí'. Faighimid íomhá shoiléir anseo de na páistí agus iad ag imeacht as timpeallacht shlán an bhaile, ('an ché') agus iad ag dul amach sa domhan mór (ar an bhfarraige bhaolach).

guardian angel

Feicimid **an mháthair chosantach** arís sa dara véarsa nuair a deir sí go gcoinneodh sí gráin agus 'fearg Dé' amach uathu, go dtabharfadh sí maithiúnas dá páistí ar a gcuid peacaí agus go gcosnódh sí ar bhreoiteacht iad. Taispeántar dúinn sna línte sin freisin an imní mhór atá ar an bhfile faoina clann sa saol mór agus mothaímid saghas **comhbhá léi**.

defensive mother

empathy

Tá **athrú suntasach** le tabhairt faoi deara sa dara leath den dán ansin. Athraíonn an file ón modh coinníollach go dtí an aimsir fháistineach agus an aimsir láithreach. Oireann sé seo go maith, ar ndóigh, don **athrú meoin** atá tagtha ar an bhfile. Aithníonn an mháthair anois go n-imeoidh a páistí i bhfad uaithi ar fud na cruinne, 'Fada uaim a ghluaisfidh sibh/ar bhúr mbealach féin', agus gur beag smacht a bheidh aici ar na roghanna a dhéanfaidh siad 'Níl rogha agam i bhúr dtodhchaí'. Deir a clann léi nach bhfuil aon eagla ná imní orthu féin (b'fhéidir chun a máthair a chosaint) agus tá siad réidh le tabhairt faoi fhadhbanna an tsaoil, 'ag tabhairt dúshláin faoi aithne na dtuar!'

noticeable change

change of mindset

Críochnaíonn an dán ar nóta uaigneach. **Tá admhaithe ag an bhfile** go ndéanfaidh a clann a roghanna féin, cibé tuairim a bheidh aici faoi na roghanna sin. **Tá aitheanta aici** nach léi aon chuid de na roghanna sin anois. Ach, fágtar sinn le híomhá de mháthair atá fágtha ina haonar ag breathnú ar a páistí ag imeacht uaithi agus gan fágtha aici anois ach 'guí'.

the poet has admitted

she has recognised

Línte an dáin

Má iarrtar ort línte áirithe den dán a mhíniú, is féidir leat na línte sin a mhíniú mar seo i dtosach agus ansin an míniú seo a chur i gcomhthéacs an téama thuas.

- Deir an file lena páistí go gcosnódh sí iad ar gach baol sa saol dá mbeadh sí in ann é sin a dhéanamh. Dar léi, bheadh aingeal coimhdeachta rompu 'i ngach bearna bhaoil'. (meafair) (Línte 1–4)
- Deir sí leo go mbeadh na bóithre/bealaí amach rompu mín agus slán. Bheadh cruth foirfe ar bharr na sléibhte míne a bheadh le dreapadh acu agus bheadh na farraigí a thrasnóidís gealghorm ón am a d'fhág siad cuan croí na máthar. (meafair don saol idéalach ar mhaith leis an bhfile é a bheith ag a clann, línte 5–8)
- Bheadh smacht aici ar ghráin agus ar dhíoltas dá dtiocfaidís in aice leo. Rachadh sí idir na páistí agus fearg Dé dá mbeadh uirthi é sin a dhéanamh. (Línte 9–11)
- Dá mbeadh sí in ann agus toilteanach rud a dhéanamh nach ndearna sí riamh di féin – thabharfadh sí, maithiúnas dóibh óna gcuid peacaí agus chosnódh sí iad ar phianta. Tá leid anseo go bhfuil an mháthair dóchasach go mbeidh saol níos fearr ag a páistí ná mar a bhí aici féin. (Línte 12–15)

- Athraíonn an file ón modh coinníollach go dtí an aimsir fháistineach i véarsa a trí. Is dócha go bhfuil an file ag léiriú dá léitheoirí go n-aithníonn sí réaltacht an tsaoil – an rud a bheidh ann. Imeoidh a clann i bhfad uaithi, a deir sí. Rachaidh siad a mbealaí féin agus iad réidh le dul i ngleic leis na fadhbanna a bheidh acu amach anseo, 'I bhfiacail bhur bhfáistine'. (Línte 16–18)
- Admhaíonn an mháthair go bhfuil imní uirthi faoi thodhchaí na bpáistí. D'fhéadfaí a rá go ndéanann na páistí iarracht a máthair a chosaint ar an mbuairt uaireanta freisin nuair a deir siad léi nach bhfuil siadsan buartha faoi dhul amach sa saol mór agus iad sásta aghaidh a thabhairt ar an todhchaí. (Línte 19–22)
- Tuigeann an file nach léi saol na bpáistí; a mbrionglóidí, a nósanna, a gcuid smaointe ná a gcuid tuairimí. Níl aon bhaint aici leis na roghanna a dhéanfaidh na páistí i gcúrsaí grá ná i gcúrsaí praiticiúla, 'Le fuacht ná teas'. Níl rogha aici in aon rud a dhéanfaidh siad, 'Le lá ná oíche'. Níl aon rud fágtha aici anois, dar léi, ach guí. (Línte 23–29)

Mothúcháin

Má bhíonn ort ceist a dhéanamh ar na mothúcháin sa dán, mínigh cá háit a bhfuil na mothúcháin sin agus conas mar a chuirtear os ár gcomhair iad.

- Grá máthar
- Uaigneas
- Imní
- Grá trodach (sa chaoi a mbeadh sí sásta fuath, díoltas agus fearg Dé a smachtú chun a páistí a chosaint).

Teicníocht

Baineann an file úsáid éifeachtach as na nithe seo a leanas chun téama/ábhar an dáin a léiriú dúinn.

- Teideal sa tuiseal gairmeach
- Caint dhíreach
- Meafair éifeachtacha
- Friotal lom, gonta, simplí
- Athrú aimsire (modh coinníollach – aimsir fháistineach – aimsir láithreach)
- Íomhánna soiléire
- Mothúcháin shoiléire.

Meadaracht an dáin

- **Saorvéarsaíocht** atá sa dán agus tugann sé seo saoirse don fhile a cuid mothúchán a chur i láthair go soiléir.
- Tá cúpla sampla de **rím** agus **comhfhuaim dheiridh** ann, 'féin' (líne 13) agus 'phéin' (líne 15), 'dtodhchaí' (líne 28) agus 'guí' (líne 29).
- **Rithim na teanga labhartha** atá sa dán seo agus tá blas láidir de **Ghaeilge na Mumhan** ann, ('so, nár dheineas, bhúr', srl).

Obair duit

1. 'Athraíonn an file aimsir na mbriathar sa dán trí huaire.' A bhfuil i gceist aici leis seo, i do thuairim.
2. Cén saghas duine í an mháthair, i do bharúil féin? Tabhair fianaise ón dán chun tacú le do fhreagra.
3. An dóigh leat go dtuigeann an mháthair sa dán seo réaltacht an tsaoil? Cén fhianaise atá sa dán a thacaíonn le do thuairim?

Colmáin

i gcead do Sigurdur Pálsson

le Cathal Ó Searcaigh

An cat úd ar an seachtú hurlár de theach
ard cathrach, shíl sé ansiúd ina **áras spéire**
gur **colmán** a bhí ann ó dhúchas.

Ó saolaíodh é ba é an seachtú hurlár-
crochta ansiúd idir an saol is **an tsíoraíocht**-
a bhaile agus **a bhuanchónaí.**

Ní fhaca sé **a mhacasamhail** féin ariamh,
cat dá dhéanamh, dá dhath, **dá dhreach.**
Ní fhaca sé ach daoine agus colmáin ar an **aoirdeacht.**

Shíl sé ar dtús gur duine a bhí ann,
gur **ionann** dó **ina dhóigh** agus ina chosúlacht
leo siúd ar dhá chois a bhí ina thimpeall.
Chuirfeadh sé naipcín **fána bhráid**
agus shuíodh sé ag an mbord go béasach
le greim bídh a ithe le lánúin óg an tí.
Ní raibh de thoradh air sin ach **scread eitigh.**
Thógfaí ar shiúl é láithreach
agus dhéanfaí **prácás bídh** as canna stáin
a shá go míbhéasach faoina shoc.

Is minic a shuíodh sé ina aonar
ar leac na fuinneoige, ag féachaint
ar na colmáin nach dtiocfadh ina láthair.
Amanta theastaigh uaidh **téaltú chucu**
go ciúin, súgradh leo go binn,
a chrúb a chur iontu ar son grinn.
Ar na laethe úd a mhothaíodh sé **dáimh** as an ghnáth
leis na colmáin, bhíodh iontas an domhain air
nach ndéanfadh siad **cuideachta** leis **i dtráth ná in antráth.**

Sa deireadh, lá buí Bealtaine le luí gréine,
chinn sé léim an cholmáin a thabhairt ó leac na fuinneoige
leis **na heiteoga** a bhí **in easbaidh air** ... faraoir.

An lá a cuireadh i dtalamh é **i bpaiste créafóige**
sa chúlchlós, a chorp beag ina phraiseach,
bhí colmáin **ag cuachaireacht** ó gach leac fuinneoige.

Gluais

áras spéire: *highrise apartment*
colmán: *a pigeon*
Ó saolaíodh é: *ó rugadh é*
an tsíoraíocht: *eternity*
a bhuanchónaí: *a áit chónaithe sheasmhach*
a mhacasamhail: *a leithéid*
dá dhreach: *dá chuma*
aoirdeacht: *in airde*
ionann: *the same*
ina dhóigh: *ina chruth*
fána bhráid: *faoina mhuineál*
scread eitigh: *scream of refusal*
prácás bídh: *bia lofa gránna*
a shá go míbhéasach faoina shoc: *a chur go drochbhéasach faoina shrón*
téaltú chucu: *creep towards them*
a chrúb: *his paw*
dáimh: *comhbhá*
cuideachta: *comhluadar*
i dtráth ná in antráth: *am ar bith*
chinn sé: *shocraigh sé*
na heiteoga: *na sciatháin*
in easbaidh air: *ar iarraidh air*
i bpaiste créafóige: *in a patch of clay*
ag cuachaireacht: *ag canadh go binn*

An file

Rugadh Cathal Ó Searcaigh i nGort a' Choirce, baile beag i nGaeltacht Thír Chonaill, sa bhliain 1956. Rinne sé staidéar ar an Léann Ceilteach i gColáiste Phádraig, Maigh Nuad. Chaith sé na blianta ag staidéar agus mar scríbhneoir cónaithe i gcoláistí éagsúla tríú leibhéal ar fud na tíre. Tá clú agus cáil náisiúnta agus idirnáisiúnta ar Chathal Ó Searcaigh mar fhile agus mar scríbhneoir agus tá neart duaiseanna litríochta buaite aige ar fud na cruinne. Bhí súile an phobail air go mór sa bhliain 2008 nuair a rinneadh scannán faoina shaol i Neipeal. Is file lánaimseartha é anois agus tá cónaí air i nDún na nGall.

Nóta: Roimh an dán, déanann Cathal Ó Searcaigh tagairt do Sigurdur Pálsson, file agus scríbhneoir ón Íoslainn a bhfuil cáil idirnáisiúnta air. Dar leis an bhfile go bhfuil an dán seo bunaithe ar cheann de smaointe an fhile sin.

Téama an dáin

Cad is téama/ábhar don dán thuas agus conas mar a léirítear dúinn é sa dán?

'Ní deas í an chaoi a gcaitear leis an bpeata tí atá sa dán seo'. Cad é do mheas féin ar an ráiteas sin?

Príomhsmaointe an fhile, mar a fheictear dúinn sa dán seo iad a phlé.

Is é príomhthéama an dáin seo ná saol uaigneach, aonarach an chait a chónaíonn i mbloc árasán ard sa chathair, 'ar an seachtú hurlár de theach'. Mothaíonn an léitheoir trua don chat bocht sa dán, **nach n-aithníonn é féin mar chat**, toisc nach bhfeiceann sé a leithéid féin riamh. Is é an bua is láidre a bhaineann leis an dán seo dar liom ná na híomhánna láidre, soiléire a chuirtear os ár gcomhair. Tá sé fíor éasca don léitheoir **an suíomh a shamhlú** agus mar sin is furasta dúinn bá a mhothú don ainmhí seo atá **imeallaithe ina thimpeallacht theoranta** ag a úinéirí. Is léir nach gcaitheann an lánúin óg, a luaitear san árasán, go ródheas leis. Níl sé cothrom ná cóir ainmhí ar bith **a sháinneadh** mar atá déanta anseo.

who does not recognise himself as a cat

to imagine the scene

marginalised in his limited environment

to trap

Cónaíonn an cat 'ar an seachtú hurlár de theach/ard cathrach' agus is cosúil nach bhfágann sé an áit sin riamh. Mar sin, ní fheiceann sé ach na daoine ar leo an t-árasán agus na colmáin sa spéir, a fhanann amach uaidh toisc go bhfuil eagla orthu rompu. Ní thuigeann sé nach duine ná colmán é féin, mar **níl aon chur amach aige ar** chait eile. Ní haon ionadh, dá bhrí sin, go ndéanann sé iarracht **aithris** a dhéanamh ar a bhfuil le feiceáil aige. Deirtear linn i dtús báire go gceapann sé go bhfuil an cruth céanna air 'leo siúd ar dhá chois'. Síleann sé gur cheart dó suí ag an mbord le naipcín ar a mhuineál ag ithe go béasach ar nós a úinéirí, ach is íde béil a fhaigheann sé ó lucht an tí chomh maith le manglam bia as canna, a chaitear faoina shrón go míbhéasach. Cé go bhfuil áibhéil i gceist anseo, feicimid droch-chás an pheata tí go soiléir.

he has no experience of

to imitate

Nuair a theipeann air lena chairde daonna, díríonn an cat ar na colmáin a fheiceann sé thuas sa spéir. Ní thuigeann sé go bhfuil eagla orthu roimhe ná cén fáth nach mian leo teacht chun súgradh leis. Ba mhaith leis féin 'a chrúb a chur iontu ar son grinn'. Sa deireadh, nuair a theipeann air na héin a mhealladh chuige, socraíonn sé 'leac na fuinneoige' a fhágáil agus iarracht a dhéanamh eitilt chucu ach tagann deireadh tubaisteach lena shaol, ar ndóigh. Tá críoch bhrónach thruamhéileach leis an dán. Nuair a chuirtear a chorp 'ina phraiseach' faoin talamh ar chúl an tí, tá na colmáin le cloisteáil ag canadh go binn 'Ó gach leac fuinneoige'.

D'fhéadfaí breathnú ar an dán seo freisin mar dhán fáthchiallach agus, más mar sin é, is siombail nó meafar é an cat don duine uaigneach aonarach a mhothaíonn go bhfuil sé imeallaithe ag an tsochaí (an timpeallacht) ina maireann sé. Tá daoine inár sochaí nach nglactar leo mar is cóir go minic toisc go bhfuil siad difriúil ar shlí éigin agus mar sin, bíonn siad ar nós an chait sa dán, ag lorg cuideachta eile. Uaireanta, teipeann ar fad ar na daoine seo dul i ngleic lena gcuid fadhbanna pearsanta agus i gcásanna brónacha, socraíonn siad críoch a chur lena mbeatha, faoi mar a dhéanann an cat sa dán.

Línte an dáin

Má iarrtar ort línte áirithe den dán a mhíniú, is féidir leat na línte sin a mhíniú mar seo i dtosach agus ansin an míniú seo a chur i gcomhthéacs an téama thuas.

- Bhí cat ina chónaí ar an seachtú hurlár i mbloc árasán sa chathair agus chreid sé, agus é chomh gar sin don spéir, go raibh sé ina cholmán ó dhúchas. (sampla d'íomhá, línte 1–3)
- Ón am a rugadh an cat, ba í seo a áit chónaithe bhuan, é suite idir an saol seo agus an saol síoraí ar an seachtú hurlár. (Línte 4–6)
- Ní fhaca sé aon chat eile riamh ina shaol, aon ainmhí dá chruth, dá dhath, dá chuma. Thuas in airde san árasán, ní fhaca sé aon rud ach daoine agus colmáin. (Línte 7–9)
- Cheap sé ar dtús gur duine a bhí ann, go raibh an chuma chéanna air leis na daoine a bhí timpeall air. (Línte 10–12)
- Ba mhaith leis naipcín a chur timpeall ar a mhuineál agus **shuíodh sé** ag an mbord go socair chun béile a ithe le muintir an tí. (sampla d'áibhéil, línte 13–15)
- Ní bhfuair sé ach íde béil nuair a rinne sé é sin, áfach, **chuirtí amach** é gan mhoill agus **d'fhaigheadh sé** manglam bia as canna, é curtha faoina shrón go drochbhéasach. (Línte 16–19)
- Shuíodh sé go minic ar leac na fuinneoige ag breathnú ar na colmáin nach **mbíodh** sásta teacht i ngiorracht dó. Uaireanta, thagadh fonn air druidim leo chun súgradh go suaimhneach leo. Theastódh uaidh a 'chrúb' a chur iontu mar spraoi. (Línte 20–25)
- Ar laethanta áirithe a **bhraitheadh** sé gaol speisialta leis na colmáin, ní thuigeadh sé cén fáth nach mbíodh na héin sásta cairdeas a dhéanamh leis am ar bith. (Línte 26–28)

an aimsir ghnáthchaite

briathar saor – an aimsir ghnáthchaite

an aimsir ghnáthchaite

an aimsir ghnáthchaite

an aimsir ghnáthchaite

- Ar deireadh thiar, tráthnóna Bealtaine agus an ghrian ag dul faoi, shocraigh an cat léim ó leac na fuinneoige, faoi mar a dhéanadh na colmáin timpeall air. (línte 29–31)
- Ar an lá a cuireadh faoin talamh é i bpaiste talaimh ar chúl an tí, a chorp beag scriosta ag an titim mhór, bhí colmáin le cloisteáil ag canadh go binn ar gach leac fuinneoige (onamataipé 'ag cuachaireacht', línte 32–34).

Mothúcháin

Má bhíonn ort ceist a dhéanamh ar na mothúcháin sa dán, mínigh cá háit a bhfuil na mothúcháin sin agus conas mar a chuirtear os ár gcomhair iad.

- Uaigneas
- Aonarachas
- Trua/bá (ag na léitheoirí)
- Faillí (neglect).

Teicníocht

Baineann an file úsáid éifeachtach as na nithe seo a leanas chun téama/ábhar an dáin a léiriú dúinn.

- Íomhánna soiléire
- Áibhéil
- Mothúcháin shoiléire
- Friotal lom gonta, bunaithe ar chaint na ndaoine
- Codarsnacht (idir saol an duine agus saol an chait).

Meadaracht an dáin

- **Saorvéarsaíocht** atá sa dán seo agus an **friotal bunaithe ar chaint nádúrtha na ndaoine.** Tá idir abairtí fada is gearra ann agus véarsaí nach bhfuil ar comhfhad.
- Tá samplaí d'**uaim** anseo is ansiúd, rud a chuireann le ceol an dáin ('do dhath, do dhreach, lá buí Bealtaine, srl).
- Tá **rím dheiridh** in áiteanna freisin ('tí, eitigh, binn grinn', srl).

Obair duit

1. 'Is téama uilíoch é téama an dáin seo – sé sin cás an pheata tí.' Do thuairim uait faoin ráiteas sin.
2. Éifeacht na húsáide a bhaineann an file as íomhánna sa dán seo, dar leat.
3. An dóigh leat gur dán fáthchiallach é seo? Tabhair fáth nó dhó le do fhreagra.

Caoineadh Airt Uí Laoghaire

le hEibhlín Ní Chonaill

Mo ghrá **go daingean tu!**
Lá **dá bhfaca** thu
Ag ceann tí an mhargaidh,
Thug mo shúil **aire** dhuit,
Thug mo chroí **taitneamh** duit,
D'éalaíos **óm charaid** leat
I bhfad ó bhaile leat.

Is domhsa nárbh aithreach:
Chuiris parlús á ghealadh dhom
Rúmanna á mbreacadh dhom,
Bácús á dheargadh dhom,
Brící á gceapadh dhom,
Rósta ar bhearaibh dom,
Mairt á leagadh dhom;
Codladh i gclúmh lachan dom
Go dtíodh an t-eadartha
Nó thairis dá dtaitneadh liom.

Mo chara go daingean tu!
Is cuimhin lem aigne
An lá breá Earraigh **úd,**
Gur bhreá thíodh hata dhuit
Faoi bhanda óir tarraingthe,
Claíomh cinn airgid–
Lámh dheas **chalma–**
Rompsáil bhagarthach–
Fír chritheagla
Ar **námhaid chealgach–**
Tú i gcóir chun falaracht,
Is **each caol ceannann** fút.
D'umhlaidís Sasanaigh
Síos go talamh duit,
Is ní ar mhaithe leat
Ach le haon-chorp eagla,
Cé gur leo a cailleadh tu,
A mhuirnín mh'anama.

Mo chara thu go daingean!
Is nuair thiocfaidh chugham abhaile
Conchubhar beag **an cheana**
Is Fear Ó Laoghaire, an leanbh,
Fiafróid díom go tapaidh
Cár fhágas féin a n-athair.
'Neosad dóibh faoi mhairg
Gur fhágas i gCill na Martar.
Glaofaid siad ar a n-athair,
Is ní bheidh sé acu le freagairt.

Mo chara thu go daingean!
Is níor chreideas riamh **dod mharbh**
Gur tháinig chugham do chapall
Is a **srianta** léi go talamh,
Is fuil do chroí **ar a leacain**
Siar go **t'iallait ghreanta**
Mar a mbítheá id' shuí 's id sheasamh.
Thugas léim **go tairsigh**,
An dara léim go geata,
An tríú léim ar do chapall.

Dá bhuaileas go luath mo bhasa
Is do bhaineas as na reathaibh
Chomh maith is bhí sé agam,
Go bhfuaras romham tu marbh
Cois toirín ísil aitinn,
Gan Pápa gan easpag,
Gan **cléireach** gan sagart
Do léifeadh ort an tsailm,
Ach seanbhean **chríonna chaite**
Do leath ort binn dá fallaing–
Do chuid fola leat **'na sraithibh**
Is níor fhanas le hí ghlanadh
Ach í ól suas **lem basaibh.**

Mo ghrá thu agus mo rún!
Tá do stácaí ar a mbonn,
Tá do bha buí á **gcrú;**
Is ar mo chroí atá **do chumha**
Ná leigheasfadh Cúige Mumhan
Ná Gaibhne Oileán na bhFionn.
Go dtiocfaidh Art Ó Laoghaire chugham
Ní scaipfidh ar mo chumha
Atá i lár mo chroí á bhrú,
Dúnta suas **go dlúth**
Mar a bheadh glas a bheadh ar thrúnc
'S go raghadh an eochair amú.

Gluais

go daingean: *go deimhin, go cinnte*
tu: *tú*
dá bhfaca: *a chonaic*
Ag ceann tí an mhargaidh: *os comhair an mhargaidh ime (Corcaigh)*
aire: *suim/spéis*
taitneamh: *cion/grá*
óm charaid: *ó mo chairde*
Is domhsa nárbh aithreach: *Ní raibh áiféala orm*
Chuiris parlús á ghealadh dhom: *chuir tú dath geal ar an bparlús dom (you painted)*
Rúmanna á mbreacadh dhom: *mhaisigh tú seomraí dom*
Bácús á dheargadh dhom: *chuir tú teas san oigheann dom*
Brící á gceapadh dhom: *rinne tú bullóga aráin dom*
Rósta ar bhearaibh dom: *rinne tú feoil a róstadh dom ar bior (on a spit)*
Mairt á leagadh dhom: *mharaigh tú ba dom*
Codladh i gclúmh lachan dom: *lig tú dom codladh i leaba chompordach*
Go dtíodh an t-eadartha: *until milking time in the morning*
Nó thairis dá dtaitneadh liom: *nó níos déanaí dá mba mhian liom*
úd: *sin*
Gur bhreá thíodh: *would suit you well*
Faoi bhanda óir tarraingthe: *ribín órga timpeall air*
Claíomh cinn airgid: *silver topped sword*
chalma: *cróga*
Rompsáil bhagarthach: *threatening stance*
námhaid chealgach: *treacherous enemy*
Tú i gcóir chun falaracht: *tú réidh chun marcaíocht*
each caol ceannann: *capall seang agus spota bán ar a aghaidh*
D'umhlaidís: *théidís síos ar a nglúine*
Is ní ar mhaithe leat: *is ní le meas ort*
A mhuirnín: *a ghrá mo chroí*
an cheana: *grámhar*
Fiafróid díom: *cuirfidh siad ceist orm*
Neosad dóibh faoi mhairg: *inseoidh mé dóibh faoi bhrón*
dod mharbh: *faoi do bhás*
srianta: *reins*
ar a leacain: *ar a haghaidh*
t'iallait ghreanta: *beautiful saddle*
Mar a mbítheá: *aimsir ghnáthchaite: where you used be*
Thugas: *thug mé*
go tairsigh: *to the threshold*
Dá bhuaileas go luath mo bhasa: *Bhuail mé mo bhosa le chéile go brónach*
Is do bhaineas as na reathaibh: *agus d'imigh liom go gasta*
Chomh maith is bhí sé agam: *chomh maith agus a d'fhéad mé*
Cois toirín ísil aitinn: *near a small furze bush*
cléireach: *clergyman*
Do léifeadh ort an tsailm: *to say the prayers of the dead over you*
chríonna chaite: *aosta*
Do leath ort binn dá fallaing: *who put the edge of her shawl over you*

'na sraithibh: *in streams*
lem basaibh: *as mo lámha*
Tá do stácaí ar a mbonn: *your stacks of corn are harvested*
á gcrú: *being milked*
do chumha: *the sadness after you*
Ní scaipfidh ar: *ní imeoidh*
go dlúth: *tightly*
Mar a bheadh glas a bheadh ar thrúnc: *like a lock on a trunk*
'S go raghadh an eochair amú: *agus go mbeadh an eochair ar iarraidh*

An file agus cúlra an dáin

Rugadh an file Eibhlín Dhubh Ní Chonaill i nDoire Fhíonáin, Co Chiarraí, timpeall na bliana 1745. B'aintín í leis an bh**Fuascailteoir** Domhnall Ó Conaill.

Emancipator

Nuair a bhí sí cúig bliana déag d'aois, rinneadh **cleamhnas** di agus pósadh í le fear a bhí i bhfad níos sine ná í. Fuair an fear céile aosta seo bás sé mhí ina dhiaidh sin, áfach, agus timpeall na bliana 1767, chonaic sí an Captaen Art Ó Laoghaire, ó Chorcaigh, ag dul thairsti ar chapall agus thit sí i ngrá leis ar an toirt.

match/arranged marriage

Pósadh í le hArt go gairid ina dhiaidh sin **i gcoinne thoil a muintire.** Bhí cúigear clainne ar fad ag an lánúin óg, ach fuair beirt acu bás nuair a bhí siad ina leanaí. Bhí Eibhlín ag súil le páiste nuair a fuair Art bás. Ceaptar go bhfuair Eibhlín féin bás timpeall na bliana 1800 ach ní fios go baileach.

against the wishes of her family

Bhí na Péindlíthe i bhfeidhm in Éirinn san 18ú haois agus d'fhág sé sin nach raibh mórán ceart ag Caitlicigh na tíre. Ní raibh ceart ag aon Chaitliceach, mar shampla, capall a bheith ina s(h)eilbh a raibh luach níos mó ná cúig phunt air. Bhí capall ní ba luachmhaire ná sin ag Art, áfach, agus ba Chaitliceach é.

Ba mhian le Protastúnach, darbh ainm Abraham Morris, **a bhí ina shirriam** ar Chorcaigh, an capall a cheannach ó Art ar chúig phunt agus nuair a **dhiúltaigh Art dá thairiscint**, d'éirigh **achrann** eatarthu. Sa deireadh, maraíodh Art ag Carraig an Ime sa bhliain 1773 agus ba ar theacht ar chorp marbh a fir céile di a scríobh Eibhlín Dhubh an **caoineadh** aitheanta seo.

who was the sheriff

rejected his offer

strife

lament

Téama agus línte an dáin

Cad é téama/ábhar an dáin seo agus conas mar a léirítear an téama/an t-ábhar sin dúinn?

Mínigh a bhfuil i gceist ag an bhfile nuair a deir sí ...

Príomhsmaointe an fhile, mar a nochtar dúinn iad sa dán, a phlé.

Is caoineadh traidisiúnta é an dán seo a scríobh Eibhlín Dhubh tar éis di teacht ar chorp a fir Art Ó Laoghaire san 18ú haois (timpeall 1773). Is é téama an dáin, mar sin, ná bás tragóideach **de fealltach** Airt agus an briseadh croí a d'fhulaing an file agus a páistí **dá dheasca**. Faighimid léargas sa dán freisin ar ghnéithe éagsúla de shaol na hÉireann san 18ú haois nuair a bhí na Péindlíthe i bhfeidhm.

treacherous

as a result

Ag tús an dáin, déanann an file cur síos ar an lá a bhuail sí le hArt ag an margadh ime i gCorcaigh. Ón nóiméad a leag sí súil air, thit sí i ngrá 'go daingean' leis agus d'éalaigh sí óna muintir agus a cairde chun é a phósadh, toisc nár aontaigh siadsan leis an bpósadh. Deir sí linn sa dara véarsa nach raibh aiféala ar bith uirthi faoi sin, mar bhí sé ina fhear céile iontach aici. Ní hamháin go ndearna sé obair an tí di ach, ina theannta sin, maíonn sí freisin as an bpléisiúr a bhain siad as fanacht sa leaba go déanach ar maidin.

Sa tríú rann, faighimid léargas ar dhathúlacht an fhir, a raibh an file dúnta i ngrá leis. Chaitheadh sé hata a raibh ribín órga air agus dar léi gur oir sé sin go mór dó. 'Gur bhreá thíodh hata dhuit'. Bhí cuma láidir, cróga air, 'Rompsáil bhagarthach', a chuireadh **scéin** ar na Sasanaigh, an 'námhaid chealgach'. Deir sí go mbídís ar a nglúine roimhe le heagla nuair a thagadh sé ar a chapall bán agus é réidh chun troda, cé gurbh iadsan a mharaigh sa deireadh é.

terror

Tá brón le mothú sa cheathrú véarsa nuair a thugann Eibhlín léargas ar chás truamhéileach na clainne tar éis bhás Airt. Bhí imní agus brón uirthi faoina mic a bheith ag teacht abhaile ag fiafraí di cá raibh a n-athair 'Fiafróid díom go tapaidh/Cár fhágas féin a n-athair.' Bhí sé i gceist aici a rá leo go raibh sé curtha sa reilig 'i gCill na Martar', agus dá nglaoidís ainm a n-athair, ar ndóigh, ní bhfaighidís aon fhreagra.

Ina dhiaidh sin, tugtar cur síos dúinn ar an lá a fuair Eibhlín féin amach faoi bhás a fir céile. Is cosúil go bhfuair sí scéal ar dtús go raibh sé marbh, mar deir sí nár chreid sí é go dtí go bhfaca sí an capall bán ag teacht ina treo, 'a srianta léi go talamh' agus fuil ar a haghaidh. Léim sí féin suas ar an gcapall agus ar aghaidh léi ar nós na gaoithe.

Deir sí go raibh sí croíbhriste agus gur bhuail sí a bosa le chéile le brón (nós na caointeoireachta) agus gur imigh sí faoi dheifir go dtí gur tháinig sí ar chorp Airt **sínte** in aice le **sceach**. Ba chúis bhróin di nach raibh sagart ná cléireach ar bith ann chun paidreacha na marbh a rá os a chionn. Bhí seanbhean ann roimpi, áfach, a chuir 'binn dá fallaing' timpeall air (feictear seanbhean go minic sna caointe). Dar leis an bhfile nár fhan sí féin leis an bhfuil a ghlanadh óna chorp, ach d'ól sí é óna lámha, 'Ach í ól suas lem basaibh', (nós eile na caointeoireachta).

stretched/ lying

a bush

Sa véarsa deireanach, fágtar sinn leis an bpictiúr atá fágtha tar éis d'Art bás fealltach a fháil. Tá an t-arbhar ullamh le bualadh agus na ba ullamh le crú. Tá an file féin brónach gruama agus mothaíonn sí go bhfuil an brón sin faoi ghlas ina croí, 'Atá i lár mo chroí á bhrú/Dúnta suas go dlúth', agus nach n-osclófar arís é go dtí go bhfeicfidh sí a fear céile beo arís. Tá léiriú **cuimsitheach** againn ar mhothúcháin an fhile sa dán tragóideach seo.

comprehensive

An dán mar chaoineadh

- Is bean í an file.
- Labhraíonn sí go díreach leis an duine marbh.
- Molann an file an duine atá marbh.
- Tá an duine marbh fágtha gan aon duine in éineacht leis ach seanbhean.
- Tá mothúcháin an fhile le sonrú go soiléir sa dán.
- Buaileann an file a bosa le chéile le brón agus ólann sí fuil ón gcorp marbh.

Mothúcháin

Má bhíonn ort ceist a fhreagairt ar na mothúcháin sa dán, mínigh cá háit a bhfuil na mothúcháin sin agus conas mar a chuirtear os ár gcomhair iad.

- Brón
- Uaigneas
- Grá
- Bród
- Éadóchas
- Trua (do na páistí atá fágtha gan athair).

Teicníocht

Baineann an file úsáid éifeachtach as na nithe seo a leanas chun téama/ábhar an dáin a léiriú dúinn.

- Caoineadh
- Caint dhíreach
- Friotal láidir soiléir
- Nochtadh láidir mothúchán
- Íomhánna soiléire
- Athrá.

Meadaracht an dáin

- Is **caoineadh** é an dán seo atá scríofa i **meadaracht an amhráin.**
- ***Rosc*** a thugtar ar an meadaracht áirithe sin. Ciallaíonn sé sin go bhfuil dhá nó trí bhéim i ngach líne agus go bhfuil an guta aiceanta céanna ag deireadh na línte sin.

Obair duit

1. An dán seo a mheas mar chaoineadh traidisiúnta.
2. 'Tugtar cur síos iontach dúinn ar charachtar Airt sa chaoineadh seo'. Cad iad na tréithe dá charachtar a fheictear dúinn sa dán agus conas mar a léirítear dúinn iad?
3. Cad iad na mothúcháin is treise atá le brath sa dán, dar leat? Mínigh a bhfuil i gceist agat i do fhreagra.

7 Prós Ainmnithe

Aidhmeanna

- Gur mó an tuiscint a bheidh agat ar na saothair sa chúrsa próis.
- Gur mó an misneach a bheidh agat agus tú ag tabhairt faoi cheist phróis ar bith sa scrúdú.

Treoracha

- Like the prescribed poetry (Caibidil 5), this question is worth **30 marks (5%)** for Higher Level students.
- **Students must study 5 of the 7 works** below.
- There will be a **choice** in the exam **between *Cáca Milis* and *An Lasair Choille* and another choice between *Seal i Neipeal* (extract) and *An Gnáthrud*.**
- **It is important to be familiar with all vocabulary associated with all individual works** studied before attempting to answer an exam question. It will not be possible to support any answer with reference to the text without the basic vocabulary to do so.
- Therefore, when studying any story, I recommend starting with your own summary and then studying the more in-depth material.
- As always, **be careful to read the question on the exam paper carefully and ensure at all times that that is the question you are answering.** Ádh mór ort!

Cuimhnigh!

Bíodh an foclóir faoi leith a bhaineann le gach saothar ar eolas agat.

Bí cinnte i gcónaí gurb í an cheist atá ar an bpáipéar an cheist atá á freagairt agat.

Cáca Milis

Achoimre ar an scéal

- Is gearrscannán é seo a thosaíonn le traein atá ag teacht isteach chuig stáisiún Ros Láir. Tá beirt bhan, máthair agus iníon, taobh amuigh den stáisiún ag fanacht leis an traein agus leis an altra (Nóra) atá chun aire a thabhairt don mháthair a fhad is a imíonn a hiníon Catherine ar an traein. Is léir go bhfuil mearbhall éigin ar an máthair agus go bhfuil sí thar a bheith neirbhíseach agus imníoch. Is léir freisin go bhfuil **máchail fhisiciúil** éigin uirthi mar feicimid cathaoir rotha taobh thiar den suíochán tosaigh. Nuair a thagann an t-altra ansin, feicimid ón gcaoi a labhraíonn Catherine léi go bhfuil an iníon mífhoighneach lena máthair agus go bhfuil sí **bréan de** bheith ag tabhairt aire di.

physical disability — *sick and tired of*

- Ar an traein ansin, feicimid Catherine ag léamh. Nuair a fhéachann sí amach an fhuinneog, feiceann sí fear dall (Paul) ag fanacht taobh amuigh. Tagann sé isteach sa charráiste ina bhfuil sí féin, agus mála taistil, mála donn páipéir agus **bata siúil** aige. Socraíonn sé suí díreach os a comhair agus réitíonn sé é féin **go hamscaí. Is beag nach mbuaileann sé** Catherine lena bhata siúil agus nach mbuaileann sé a cosa faoin mbord i ngan fhios dó féin. Ní thaispeánann Catherine aon fhoighne ina leith.

walking stick/cane — *awkwardly* — *he almost hits*

- Agus Paul ina shuí, **tugaimid faoi deara** go bhfuil dea-aoibh agus fonn cainte air. Tá sé **ag cneadach,** áfach, agus insíonn sé don bhean go bhfuil drochasma air. Níl suim dá laghad ag Catherine ina chuid scéalta agus éiríonn sí cantalach leis – deir sí leis go bhfuil sí ag iarraidh a leabhar a léamh. Idir é a bheith ag tógáil puthanna óna **ion-análaitheoir** agus ag bualadh chosa Catherine faoin mbord, deir Paul léi go bhfuil caife uaidh. Is cinnte, áfach, nach bhfuil sí chun cabhrú leis é a fháil.

we notice — *panting* — *inhaler*

- Tógann sé amach císte ón mála páipéir ansin agus **fiafraíonn sé de** Catherine cén dath atá air. Tá sé sásta nuair a chloiseann sé gur dath bándearg atá air. Fanann sé leis an gcaife ansin agus é fós ag caint. Labhraíonn sé faoin áit a bhfuil sé ag dul ar saoire cois trá agus na radhairc áille atá le feiceáil ansin.

he asks her

- **Dá hainneoin féin**, ceistíonn Catherine é faoi na radhairc atá le feiceáil ón traein, toisc go ndeir Paul léi go bhfuil an turas ar eolas de ghlanmheabhair aige. Cuireann sí amhras ina cheann, áfach, nuair a deir sí leis go bhfuil loch agus báid le feiceáil freisin nuair a thugann sí faoi deara pictiúr atá taobh thiar den fhear bocht sa charráiste. Ina dhiaidh sin, éiríonn Paul trína chéile agus neirbhíseach agus feicimid an **aoibh mhailíseach** ar aghaidh na mná. Tá sí ag baint taitnimh as a bheith ag cur as dó.

despite herself — *malicious smile*

- Nuair a fhaigheann sé a chupán caife faoi dheireadh, is léir go bhfuil sé fós trína chéile. Cuireann sé déistin ar an mbean leis an gcaoi a n-alpann sé an cáca milis agus a n-ólann sé an caife **go glórach**. Tá sí ag éirí tinn tuirseach de faoin am seo agus éiríonn sí mailíseach arís nuair a insíonn sí dó go bhfuil **péist** bhándearg ina cháca. Cuireann sé sin as go mór do Paul agus **caitheann sé seile** isteach sa chupán caife. Cé go gcuireann sé seo déistin

noisily — *worm* — *he spits*

ar Catherine, **is léir ar a haghaidh** go bhfuil sí ag baint pléisiúir éigin as dallamullóg a chur ar an bhfear bocht.

it is clear from her face

- Éiríonn Paul **gearranálach** arís ansin, toisc go bhfuil eagla air. Lorgaíonn sé a ion-análaitheoir ar an mbord ach ní féidir leis teacht air. Bogann Catherine ón mbord é nuair a thugann sí faoi deara go bhfuil deacracht aige teacht air. Seasann sí suas ansin agus cuireann sí an t-ion-análaitheoir ar ais ar an mbord sula n-imíonn sí. Tá Paul éirithe rólag chun aon rud a dhéanamh ag an bpointe seo agus nuair a fhágann Catherine carráiste na traenach, is cosúil go bhfuil sé marbh.

short of breath

- Imíonn Catherine as radharc ansin agus cúpla soicind ina dhiaidh sin, imíonn an traein as radharc freisin.

Téama an scannáin

Is iad na téamaí is mó sa ghearrscannán seo ná **míchumais** agus an chaoi a gcaitear uaireanta le daoine atá faoi mhíchumas. Ní bhíonn gach duine inár sochaí **tuisceanach** agus **foighneach** le seandaoine nó daoine atá faoi mhíchumas. Tá an t-olcas agus **an mhailís** go mór chun tosaigh sa scannán freisin, chomh maith leis an easpa príobháideachais a bhaineann leis an gcóras iompair poiblí in Éirinn. Feictear na téamaí seo trí na carachtair sa scéal den chuid is mó.

disabilities

understanding

patient

malice

Na carachtair

Tá beirt phríomhcharachtar sa ghearrscannán seo, Catherine agus Paul, agus ceathrar mioncharachtar – máthair Catherine (Theresa), an t-altra (Nóra), an freastalaí ar an traein agus an fear atá ina chodladh sa charráiste.

Catherine

- I dtosach, tá Catherine **bog** go leor lena máthair taobh amuigh den stáisiún.
- Éiríonn sí beagáinín **mífhoighneach** léi ansin, áfach, agus níl sí sásta cabhrú lena máthair dul go dtí an leithreas.
- Is cosúil **go dtugann sí aire dá máthair** agus go dtagann altra gach lá nuair a imíonn sise (ag obair, b'fhéidir).
- Is léir go bhfuil sí **ag éirí bréan dá cuid cúraimí** leis an tseanbhean, ámh. 'Och, mar is gnách' a deir sí le Nóra (an t-altra).
- Tá leabhar rómánsúil á léamh aici agus, ar dtús, tá sí **lách** leis an bhfear dall nuair a phiocann sí suas an mála donn dó, ach **éiríonn sí crosta leis nuair is dóbair dó í a bhualadh** lena bhata siúil.

soft

impatient

that she looks after her mother

becoming fed up with her duties

kind

becomes cross with him

when he nearly hits her

- Tá **déistin** le feiceáil ar a haghaidh nuair a thógann Paul amach a ion-análaitheoir, an slisín cáca agus nuair a dhéanann sé teagmháil lena cosa faoin mbord. — disgust
- Tá sí mífhoighneach sna freagraí go léir a thugann sí do Paul agus **is léir nach bhfuil fonn dá laghad uirthi** a bheith ag labhairt leis. 'Tá mé ag déanamh iarrachta' a deir sí nuair a iarrann sé uirthi an bhfuil sí ag léamh. Tá sí **searbhasach** ina cuid freagraí freisin. — it's clear she has no interest at all; sarcastic
- Níl sí sásta cabhrú leis caife a fháil agus níos déanaí siúcra a chur isteach ina chupán caife dó. Tá sí **gránna agus mícharthanach.** — nasty and uncharitable
- Níos measa, tá sí **mailíseach** nuair a insíonn sí bréag dó faoin radharc atá le feiceáil taobh amuigh agus is cinnte go bhfuil sí **ag baint sásaimh agus pléisiúir as a bheith ag cur as don fhear dall.** — malicious; taking pleasure and delight in upsetting the blind man
- Mar an gcéanna leis an mbréag faoin bpéist sa cháca milis. Leanann sí uirthi ag insint bréige dó nuair a fheictear di go bhfuil an fear bocht trína chéile agus scanraithe. Tá **an t-olcas** le feiceáil go láidir inti anseo. — badness
- Is **dúnmharfóir** í sa deireadh nuair a bhogann sí an t-ion-análaitheoir ón mbord sa chaoi nach mbeidh Paul in ann na puthanna a shábhálfaidh é a a fháil. Tá sí **glic agus cliste** go leor an t-ion-análaitheoir a chur ar ais ar an mbord sula n-imíonn sí, áfach. Feicimid gur sórt **síceapatach** í ar deireadh thiar. — murderer; clever and smart; psychopath

Paul

- Ar an gcéad dul síos, is **duine dall** é Paul. Ina theannta sin, tá sé **ag fulaingt go dona le hasma**. Mar sin, tá sé deacair go leor air dul timpeall agus tá sé beagáinín **amscaí** dá bharr. — blind man; suffering badly with asthma; awkward
- Is fear **neamhurchóideach, iontaobhach agus saonta** é, gan amhras. Is cosúil go gcreideann sé go mbeidh daoine eile, fiú amháin strainséirí, cabhrach, lách agus cneasta leis. Toisc a mhíchumais, **braitheann sé go mór ar chneastacht daoine eile sa saol.** — innocent, trusting and naive; he depends greatly on the kindness of others in life
- Tá sé féin **mífhoighneach** freisin, sa mhéid is go leanann sé air ag caint faoin gcaife agus nach mian leis fanacht leis an tralaí. B'fhéidir go bhfuil sé millte ag daoine eile ina shaol. — impatient
- **Ní thuigeann sé go gcuireann sé as do dhaoine** eile lena chuid scéalta agus geáitsíochta. — he doesn't realise he bothers people
- Tagann **áthas** air nuair a thugann sé faoi deara óna guth go bhfuil bean aige mar chomhluadar ar an traein. — delight
- Is fear **cainteach** é agus ceapann sé go mbeidh suim ag Catherine ina chuid cainte faoina shaol pearsanta. Brúnn sé é féin uirthi i ngan fhios dó féin. Trasnaíonn sé an líne ina spás príobháideach ar an traein agus lena chuid cainte agus ceisteanna agus ní — talkative

ghlacann Catherine leis sin. **Tá fonn cainte ar Paul, beag beann ar a chomhluadar.**

Paul wants to talk, regardless of his company

- **Baineann sé taitneamh as na rudaí simplí sa saol,** ar ndóigh – saoire cois trá, an turas traenach, a cháca milis, a bheith ag caint faoina thinneas agus a chuairt ar an stáisiún raidió, srl.

he enjoys the simple things in life

- Tá sé **saonta** sa chaoi a gcreideann sé na bréaga a insíonn Catherine dó. Cé go bhfuil na radhairc taobh amuigh ar eolas aige de ghlanmheabhair, fós éiríonn sé trína chéile nuair a chloiseann sé faoin loch agus faoi na báid. Creideann sé an scéal faoin bpéist sa cháca freisin agus **scanraítear** é dá bharr. **Is éasca mar sin eagla a chur air.**

innocent/ naive

he gets alarmed

therefore, he's easily frightened

- Nuair a thagann an caife, cuireann Paul déistin ar Catherine lena **nósanna itheacháin agus ólacháin.** Alpann sé an cáca agus ólann sé an caife go glórach. Feicimid **a chneastacht,** áfach, nuair a chuireann sé an cáca os comhair na mná chun píosa a thairiscint di.

eating and drinking habits

kindness

- Ar deireadh thiar, faigheann an fear bocht bás mar gheall ar **a shaontacht féin** agus **mailís agus olcas** na mná **a bhfuil sé de mhí-ádh air bualadh léi** ar an traein.

his own naïvety

malice and badness

he has the misfortune to meet

Stíl scannánaíochta

- Is gearrscannán é seo a mhaireann thart ar sé nóiméad déag ar fad, ach tá go leor téamaí le feiceáil sa tréimhse ghearr sin.
- Stíl ghonta shimplí scannánaíochta atá ann. Tosaíonn sé le traein ag teacht isteach chuig stáisiún traenach agus críochnaíonn sé le traein ag imeacht agus ag dul as radharc.
- Tarlaíonn an mhórchuid den eachtra taobh istigh de charráiste traenach agus is ansin a bhuaileann an bheirt phríomhcharachtar le chéile.
- Tarlaíonn cuid thábhachtach den eachtra taobh amuigh den stáisiún, sa charr agus timpeall an chairr freisin, mar feicimid téama an mhíchumais ansin agus an chaoi a gcaitheann Catherine lena máthair. Tá an scéal leanúnach ó thaobh téama de, mar sin.
- Cé go bhfuil téamaí coitianta sa scannán, sé sin saontacht, olcas agus coimhlint, ní **gnáthchríoch** atá ann agus baintear geit asainn, ní hamháin ag breathnú ar an mbás cruálach, ach freisin nuair a fheicimid an bealach a bhfágann Catherine an traein **ar nós cuma léi.** Críoch thobann éifeachtach é seo, gan amhras.

ordinary ending

as if she couldn't care less

Obair duit

1. 'Is minic a bhíonn saol uaigneach ag an té atá difriúil ar bhealach éigin sa saol seo agus go mbíonn an duine sin imeallaithe ag a shochaí'. An ráiteas sin a phlé i gcomhthéacs an scannáin *Cáca Milis*.

2. An mbeadh trua ar bith agat féin do Catherine (príomhcharachtar an scannáin seo)? Cén fáth?
3. Nóta gairid uait ar an stíl scannánaíochta atá in úsáid sa ghearrscannán seo.

An Lasair Choille

Caitlín Maude i bpáirt le Micheál Ó hAirtnéide

Achoimre ar an dráma

- Is dráma gearr é seo. Tá dhá sheomra ar an ardán; seomra leapa agus cistin. Tá Micil (**seanchláiríneach**) sa leaba sa seomra codlata agus tá Séamas (fear óg, cúig bliana 's fiche) sa chistin ag caint le **lasair choille** atá i gcás éin, atá ar crochadh sa chistin. Is fear **saonta** é Séamas agus tá sé ag tabhairt aire don chláiríneach atá sa leaba.
- Tá Séamas ag iarraidh ceol a bhaint as an lasair choille, Binncheol, ach níl ag éirí leis. Níl ach maslaí ag teacht ón leaba thuas, agus Micil ag rá le Séamas nach bhfuil sé in ann codladh 'le do leithéidse d'amadán ag bladaireacht in ard do ghutha'. Feicimid go luath sa dráma mar sin **go gcaitheann Micil mar amadán le Séamas** agus go mbíonn Séamas bocht **leithscéalach** i gcónaí le Micil.
- Tá aon phunt déag **i dtaisce** ag an mbeirt acu i sciléad agus tá sé ar intinn ag Micil carr asail a cheannach leis an airgead ionas go mbeidh siad in ann móin a iompar agus go mbeidh sé féin in ann brabús a dhéanamh as.
- Deir Séamas leis an gcláiríneach go bhfuil sé ag smaoineamh ar dhul go Sasana am éigin, ach arís maslaíonn Micil é agus deir sé leis nach mbeadh aon duine eile sásta cur suas leis ach é féin. Is léir nach bhfuil Séamas róchliste agus nach bhfuil mórán **féinmhuiníne** aige ach oiread agus faighimid amach chomh maith go dtagann **taomanna** air uaireanta. Tá socrú de shaghas éigin ag an mbeirt, go mbeidh Séamas mar chosa ag Micil agus go mbeidh Micil mar mheabhair ag Séamas.
- Athraíonn cúrsaí go tobann, áfach, nuair a thagann Míoda (cailín tincéara) isteach sa teach chucu. Dar léi siúd gur iníon le hIarla Chonnacht í atá **ag teitheadh** óna hathair. Deir sí go raibh sí i ngéibheann ag a hathair mar nár thug sé aon saoirse di agus ní iarrann sí ach greim le hithe ar dtús. Tá Séamas **somheallta**

disabled man

goldfinch

innocent/naive

Micil treats Séamas like a fool

apologetic

saved/ put away

self-confidence

fits

running away

gullible

aici, creideann sé a scéalta agus glacann sé trua di, cé go bhfuil Micil ag screadach uirthi a bheith ag imeacht.

- Insíonn Míoda do Shéamas ansin go bhfuil sé i gceist aici b'fhéidir éalú go Sasana ach nach bhfuil a dóthain airgid aici. Is dócha go bhfeiceann Séamas a sheans éalaithe féin anois agus deir sé léi go bhfuil airgead sa sciléad aige agus go n-imeoidh sé léi go Sasana.
- Tá Micil **ar mire** nuair a chloiseann sé é seo, ach casann sé ó na maslaí nuair a thuigeann sé go bhfuil ag teip air Séamas a sháinniú a thuilleadh. Tosaíonn sé **ag impí ar** Shéamas ansin gan é a fhágáil leis féin, geallann sé dó go bhfágfaidh sé an teach agus an talamh aige fiú amháin, ach ní ghéilleann Séamas dó an uair seo. Cé go bhfuil Séamas fós lách agus cneasta, tuigeann sé anois go bhfuil sé ábalta déanamh gan Mhicil.
- Is ag an bpointe seo, faraor, a thagann fírinne an scéil amach. Faigheann an lucht féachana amach gan mhoill cé hí Míoda i ndáiríre nuair a thagann fear tincéara i láthair. Ordaíonn an fear di filleadh ar an gcampa, ait a bhfuil sí i ngéibheann, agus **bagraíonn sé** ar Shéamas bocht gan lámh a leagan uirthi arís go deo.
- Faoin am seo, tá súile Shéamais oscailte dó ag Míoda, dar leis féin. Feiceann sé go bhfuil sé féin i ngéibheann chomh maith le gach duine eile sa dráma agus **mar aitheantas** air seo, tógann sé an cás éin amach agus ligeann sé saor an lasair choille. Imíonn an t-éan in airde ar chrann, **áit a gcanann sí** den chéad uair sa dráma. Ní fios ag an deireadh céard a dhéanfaidh Séamas féin, ach **tá foghlamtha aige** ó thús an dráma gan dabht.

mad/in a frenzy

imploring

threatens/ warns

in recognition

where she sings

he has learned

Téama an dráma

Is é an téama is mó sa dráma seo ná **daoirse**. Níl ach cúigear carachtar ar fad sa dráma agus ceathrar acu a bhfuil an easpa saoirse ina saol ag dul i bhfeidhm go mór orthu. Is siombail é an t-éan den easpa saoirse agus í i ngéibheann i gcás beag éin sa chistin. Ní chanann sí ar chor ar bith, toisc í a bheith míshásta. Tá Micil, an cláiríneach, **sáinnithe ina leaba** agus é go fíochmhar míshuaimhneach. Tá Séamas faoi smacht ag Micil agus é ag lorg a shaoirse pearsanta agus tá Míoda i ngéibheann ag a hathair gránna. Tá forbairt shuimiúil ar an téama seo, a fheictear trí fhorbairt na gcarachtar sa dráma.

oppression/lack of freedom

trapped in his bed

Na carachtair

Séamas

- Is fear **óg, fuinniúil, saonta, bog** é Séamas. Ó thús an dráma, feictear dúinn go bhfuil sé faoi smacht ag Micil agus go nglacann sé go réidh leis an drochíde a thugann an cláiríneach dó. (young, energetic, naïve, soft)
- Tá sé **lách cneasta** le Micil agus creideann sé go bhfuil sé de dhualgas air a bheith ina sclábhaí aige. (pleasant and kind)
- **Níl féinmhuinín ar bith aige** agus mar sin, bíonn sé **bog, leithscéalach** le Micil nuair a mhaslaíonn Micil é faoi bheith ag caint leis an éan nó faoi dhul go Sasana. 'Céard tá ag gabháil trí do cheann cipín anois?' a fhiafraíonn Micil de. (he has no self-confidence) (soft and apologetic)
- Is minic a ghlaonn Micil **amadán** air tríd síos sa dráma agus is cosúil go gcreideann Séamas bocht go bhfuil an ceart aige. (a fool)
- **Baineann sé taitneamh as na rudaí simplí sa saol** agus éiríonn sé áthasach fúthu – an t-airgead agus an carr asail, mar shampla, agus ar ndóigh cailín a fheiceáil sa teach! (he enjoys the simple things in life)
- Tá sé **saonta, simplí** mar charachtar gan dabht. Creideann sé gach rud a insítear dó agus glacann sé leis. Creideann sé gur iníon Iarla Chonnacht í Míoda agus tá trua aige di. Tá sé chomh **neamhurchóideach** sin go gceapann sé go rachaidh sé féin agus Míoda go Sasana le chéile. (naïve and simple) (harmless)
- Tá sé **flaithiúil fáilteach** ina theach. Cuireann sé fáilte mhór roimh Mhíoda agus tá sé sásta a chuid bia agus airgid a roinnt léi. (generous and welcoming)
- **Tarlaíonn claochlú (athrú)** mór ina charachtar ó thús an dráma. Cuireann Míoda ar a shúile do Shéamas go bhfuil sé i ngéibheann ag Micil agus go bhfuil an t-éan i ngéibheann aige. Cuireann sí ar a shúile dó go bhfuil sé de cheart ag aon neach ar an saol seo a s(h)aoirse phearsanta féin a bhaint amach, (é féin san áireamh). (a great transformation (change))
- **Tugann Séamas saoirse don éan** imeacht ón gcás ag deireadh an dráma, mar chomhartha den chlaochlú sin. (Séamas frees the bird)

Micil

- Is **cláiríneach** é Micil atá imithe in aois agus atá ag brath go mór ar Shéamas. Tá úsáid na gcos caillte aige agus tá sé **sáinnithe sa leaba.** Is léir nach bhfuil an tsláinte go maith aige. (disabled) (trapped in his bed)
- Tá sé **cliste, géarchúiseach, glic** mar dhuine agus tuigeann sé gur féidir leis smacht a choinneáil ar Shéamas toisc é a bheith chomh saonta sin. Ceapann sé **gur sclábhaí é Séamas aige** agus go bhfuil sé de cheart aige drochíde a thabhairt dó an t-am ar fad. Caitheann sé leis mar amadán agus ní bhíonn sé deas le Séamas go dtí go gcreideann sé go bhfuil **fíorbhagairt** ann go rachaidh (clever, sharp, cunning) (that Séamas is his slave) (a real danger)

sé go Sasana. Ansin, tá sé in ann an teach agus an talamh a ghealladh dó!

- Is í an tréith is láidre a bhaineann leis ná **leithleachas**. Tá sé i gceist aige an t-airgead, a cheapann sé a dhéanfaidh an bheirt acu as an gcarr asail, a choimeád dó féin. Ina theannta sin, níl sé sásta aon bhia a roinnt le Míoda. Is air féin a smaoiníonn sé an t-am ar fad. Nuair a luann Séamas Sasana, déanann sé gach iarracht na smaointe sin a chur as a cheann, ach **is air féin atá sé ag smaoineamh**. Is cuma leis faoi Shéamas.

selfishness

he's only thinking of himself

- Tá sé **iontach gránna le Séamas** agus níos déanaí le Míoda. Maslaíonn sé an bheirt acu agus screadann sé orthu. 'Dún do chlab mór, a amadáin!' agus 'cuir amach í' a deir sé. Mar sin féin, áfach, i gcás Mhíoda, caithfear a rá go bhfuil sé **cliste, géarchúiseach.** Tuigeann sé gur bréagadóir í.

really horrible to Séamas

clever, shrewd

- **Tá carachtar láidir aige in ainneoin go bhfuil a chorp lag.** An bhfuil cúiteamh de shaghas éigin i gceist aige?

he has a strong character despite the fact that his body is weak

- **Bíonn trua ag an lucht féachana do Mhicil** freisin. Feicimid gur cláiríneach é agus nach bhfuil sé pioc sásta ina shaol. Cosúil leis na carachtair eile sa dráma, **tá fonn air éalú ón bpríosún** ina bhfuil sé ina leaba. **Tá bá againn leis** ag an deireadh nuair atá sé i gceist ag Séamas é a fhágáil leis féin.

the audience pities Micil

he wants to escape from the prison

we feel sympathy for him

- **Tagann athrú air** is dócha freisin ag an deireadh. Cheapfaí, cibé rud a tharlóidh amach anseo, go mbreathnóidh sé ar Shéamas ar bhealach difriúil agus go mbeidh tuiscint níos fearr aige ar an 'amadán' óg!

he changes

Míoda

- **Cailín óg tincéara** í Míoda agus **ní insíonn sí ach bréaga** ón nóiméad a shiúlann sí isteach an doras. Insíonn sí do Shéamas gur iníon í le hIarla Chonnacht agus go bhfuil sí ag teitheadh óna hathair toisc nach dtugann sé aon saoirse di.

young Traveller girl

only tells lies

- Éiríonn léi an dallamullóg a chur ar Shéamas gan aon stró agus is cuma léi faoi bhia agus airgead a iarraidh air. Tá sí féin chomh **leithleach mí-ionraic** sin go gcuireann sí ina luí ar Shéamas go mbeidh sí sásta dul go Sasana leis.

selfish, dishonest

- Tá sí **glic** inti féin chomh maith. Ligeann sí uirthi ag an tús go bhfuil eagla uirthi roimh Shéamas agus nach bhfanfaidh sí i bhfad sa teach. Tá sí ábalta an íde béil a fhaigheann sí ó Mhicil a láimhseáil go maith agus a chur ina luí ar Shéamas an seanfhear a fhágáil, cé gur strainséir leis í.

clever

- Tá **ról tábhachtach** ag Míoda sa dráma seo, gan dabht. Osclaíonn sí a shúile do Shéamas agus **léiríonn sí dó nár cheart dósan ná**

important role

she shows him that neither he or anybody else should be in captivity

d'aon neach a bheith i ngéibheann mar atá. Athraítear saol Shéamais ina dhiaidh sin, a **bhuí le Míoda**. Tá íoróin ag baint leis an méid sin, áfach, mar ag deireadh an dráma **filleann Míoda ar a príosún féin,** cé go bhfuil saoirse aimsithe ag Séamas agus ag an lasair choille.

thanks to Míoda

Míoda returns to her own prison

Struchtúr an dráma

- Tá plota an dráma seo fíorshimplí. Níl ach dhá sheomra, ceathrar agus éan ann. Tá téama an dráma traidisiúnta, sa mhéid is go bhfuil fadhb le réiteach agus go dtagtar ar réiteach ag an deireadh. Tá críoch shona ann mar sin.
- Tá gach rud sa dráma seanaimseartha agus tá an scéal suite sa tseanaois. Mar sin féin, baineann na téamaí atá sa dráma go mór le saol an lae inniu, chomh maith leis an tseanaois.
- Tarlaíonn an dráma uilig taobh istigh d'aon ghníomh ach, fós féin, is éifeachtach mar a chuirtear téamaí láidre an dráma os ár gcomhair.
- Tá simplíocht agus gontacht ag baint le teanga an dráma chomh maith. Níl monalóg fhada ná véarsaíocht ná ornáideachas ar bith aon áit sa dráma. Mar sin, tá an teachtaireacht nó an ceacht atá le foghlaim soiléir dúinn agus tarlaíonn forbairt na gcarachtar agus an phlota gan mhoill.

Obair duit

1. 'Is siombail í Binncheol, an lasair choille de chruachás na gcarachtar sa dráma agus ar an réiteach atá i ndán dóibh'. An aontaíonn tú leis an ráiteas sin? Mínigh.
2. 'Bíonn an bua ag an tsaoirse ar an daoirse ag deireadh an dráma seo.' An ráiteas sin a phlé i gcás triúr carachtar sa dráma.
3. Cuntas uait ar an gcarachtar Míoda, mar a fheictear sa dráma seo í.

Dís

le Siobhán Ní Shúilleabháin

Achoimre ar an ngearrscéal

- Tá lánúin phósta ina suí cois tine. Tá an fear (Seán) ag léamh an nuachtáin tar éis dó teacht abhaile ón obair agus tá fonn ar an mbean caint lena fear céile ag deireadh a lae oibre sa teach. Tá leanbh ina chodladh sa phram agus tá an fheoil ag díreo sa chistin don dinnéar. Tá gach rud mar a bhíonn de ghnáth!
- Taispeánann an bhean alt dá fear céile sa pháipéar faoi shuirbhé a rinneadh le déanaí ar mhná na tíre. Deir sí leis gur ghlac sí féin

páirt sa suirbhé sin maidin amháin agus, mar sin, gur duine í den cheathrú cuid de mhná pósta na tíre a deir go bhfuil siad míshásta ina saol pósta.

- Insíonn sí an scéal faoin maidin i mí Eanáir a thug bean an tsuirbhé cuairt uirthi. Deir sí go raibh ceisteanna sa suirbhé faoi **stádas na mban** agus faoina sástacht ina saol pósta. Dúirt sí féin leis an mbean go raibh sí míshona lena fear, toisc nach raibh meas aige ar an obair a rinne sí mar bhean tí.

the status of women

- Éiríonn a fear céile mífhoighneach agus crosta léi ansin, gur thug sí eolas pearsanta mar sin do strainséir. Is léir nach dtuigeann sé in aon chor nach bhfuil a bhean chéile sásta, nó cén fáth nach mbeadh sí sásta. Ceapann an bhean gur cuma lena fear agus gur 'tábhachtaí an páipéar' ná ise.
- Míníonn an bhean do Sheán ansin cén fáth ar ghlac sí páirt sa suirbhé. Deir sí go raibh trua aici do bhean an tsuirbhé, toisc go raibh sí ag obair chun **airgead a shaothrú** agus go raibh sí ag iompar clainne agus nach mbeadh cead aici fanacht san árasán a bhí ar cíos aici nuair a bheadh leanbh aici.

to earn money

- Deir sí go bhfuil sé i gceist aici féin dul amach ag obair (an leanbh in éineacht léi), chun saoire mháithreachais bhean an tsuirbhé a chlúdach. Is léir go bhfuil neamhspleáchas agus a cuid airgid féin ag teastáil uaithi. Dar léi féin, beidh sí in ann **sorn** nua a cheannach leis an airgead!

cooker

- Cuireann bean Sheáin an milleán air siúd ansin go ndúirt sí go raibh sí míshásta sa suirbhé. Deir sí go ndearna sé rud éigin a chuir fearg uirthi am éigin roimh an suirbhé agus gurb é sin an fáth a ndúirt sí go raibh mná ina sclábhaithe ag fir na tíre. Nuair a cheistíonn an fear í faoi seo, áfach, deir sí leis gur bréaga a bhí á n-insint aici ach go ndíoltar scéalta diúltacha níos fearr ná scéalta deasa.
- Luann sí ansin nós a bhí ag na Sínigh nó na hIndiaigh bean chéile fir mhairbh a dhó, toisc nach raibh aon rud i ndán do na mná gan na fir. Dar leis an mbean sa scéal seo, bhí an ceart acu! Tá **searbhachas** an údair le sonrú anseo, ar ndóigh!

sarcasm

- Deir sí ansin nach rachaidh sí amach ag obair ar chor ar bith toisc go gceapann sí gur bréaga ar fad a bhí a n-insint di ag bean an tsuirbhé agus tá fearg uirthi anois gur chuir sí am amú ag caint léi in ionad a bheith ag déanamh a cuid oibre sa teach.
- **Ní fiú di** leanúint ar aghaidh leis an gcomhrá, áfach, mar tá a fear céile ina chodladh ar an taobh eile den tine agus tá rudaí mar a bhí siad ag tús an scéil.

it's not worth her while

Téama an scéil

Is gearrscéal é seo atá scríofa i bhfoirm comhrá. Tá téama an phósta go mór chun tosaigh sa ghearrscéal seo. Is éifeachtach agus is éadrom an tslí a gcuirtear gnáth fhadhbanna an tsaoil phósta os ár gcomhair. Feicimid easpa tuisceana, neamhaird, fearg, mífhoighne, míshástacht agus **liostacht** sa chaidreamh idir an lánúin agus is suntasach nach dtagann aon athrú ar an scéal sa deireadh! Cé go bhfuil ceacht le foghlaim, ní fios dúinn ag an deireadh an bhfuil sé foghlamtha go fóill ag an lánúin seo.

monotony

Na carachtair

An bhean

- Is í an bhean an príomhcharachtar sa ghearrscéal seo ach **ní luaitear a hainm** linn in aon chor. Tá sí pósta le Seán agus tá leanbh acu. Is bean tí í, ach is cinnte nach bhfuil sí sona ná socair sa ról sin. Tá an chuma uirthi go bhfuil sí ag lorg neamhspleáchais di féin. Braitheann sí nach bhfuil **meas ar bith** ag a fear céile ar an obair a dhéanann sí sa teach.

her name isn't mentioned

appreciation

- Léirítear dúinn sa charachtar seo go mbíonn **saol uaigneach aonarach** ag mná tí. Sa chás seo, bíonn a fear céile amuigh ag obair i rith an lae agus bíonn an bhean ag súil le caint agus cumarsáid leis nuair a thagann sé abhaile.

solitary lonely life

- Is **cainteoir** í, ar ndóigh. Ise a dhéanann formhór na cainte ó thús an scéil. Tuigeann sise an tábhacht a bhaineann le cumarsáid in aon chaidreamh agus 'séard a chruthaíonn an teannas idir an bheirt seo ná an easpa cumarsáide eatarthu.

a talker

- Is **bean chasta** í, gan amhras. Deir sí le Seán go bhfuil sí míshona, ach ansin athraíonn sí an scéal agus deir gur bréaga atá á n-insint aici. Tá sí chun dul amach ag obair agus ansin níl sí chun dul amach ag obair. Tá meas aici ar bhean an tsuirbhé agus ansin tagann an tuairim chuici go raibh bean an tsuirbhé **mímhacánta** léi.

a complicated woman

dishonest

- Ar deireadh thiar, áfach, tuigimid go bhfuil an bhean seo **míshuaimhneach ina caidreamh lena fear céile** agus ina ról mar bhean tí. Is dócha gurb é atá i gceist leis an **malairt aigne** a thagann uirthi ná go bhfuil sí **ag admháil di féin nach n-athróidh cúrsaí ar aon nós.** Tá géilleadh de shaghas éigin i gceist, mar sin.

uneasy in her relationship with her husband

change of mind

admitting to herself that matters won't change

An fear (Seán)

- Tá Seán pósta leis an bpríomhcharachtar.
- Tá an chuma ar an scéal go bhfuil **saol leamh** aige. Tá post aige taobh amuigh den teach agus nuair a thagann sé abhaile tráthnóna, ní bhíonn ach ciúnas agus síocháin uaidh. **Taitníonn an saol bog leis.**

  boring life

  he likes the easy life
- Tá sé **traidisiúnta agus seanfhaiseanta** sa tslí a mbreathnaíonn sé ar an saol pósta. Ní fheiceann sé tábhacht na cumarsáide agus é i bhfolach taobh thiar dá nuachtán.

  traditional and old-fashioned
- **Ní thuigeann sé cén fáth a mbeadh fonn ar a bhean chéile a saol a athrú** agus a bheith neamhspleách. **Níl sé buíoch di** ach oiread as an obair a dhéanann sí sa teach. 'Mura bhféadfaidh fear suí cois tine agus páipéar a léamh tar éis a lá oibre' a deir sé, ach ní chuireann sé san áireamh an tuirse atá ar a bhean. Nach **leithleachas** é sin freisin?

  He doesn't understand why his wife would like to change her life

  He's not grateful to her

  selfishness
- Is léir go bhfuil sé **an-phríobháideach** mar dhuine. Ní hamháin nach ndéanann sé mórán cainte ach, chomh maith leis sin, ní maith leis a bhean chéile a bheith ag plé a saol príobháideach le daoine eile.

  very private
- Titeann sé ina chodladh ag deireadh an scéil nuair a éiríonn sé bréan den chomhrá. **Is léir nach bhfuil aon suim aige i mothúcháin na mná** agus nach n-athrófar a dhearcadh go héasca.

  It's clear that he has no interest in the woman's feelings

Bean an tsuirbhé

- Is **sa tríú pearsa** a chloisimid faoi bhean an tsuirbhé. Ní ghlacann sí páirt sa chomhrá, ach tá ról aici sa scéal mar sin féin.

  in the third person
- Léiríonn sí dúinn **an taobh cairdiúil** de bhean chéile Sheáin. Cuireann bean an tí fáilte roimpi agus déanann sí caife di.

  the friendly side
- **Seasann sí freisin** don bhean oibre sa saol nua-aimseartha.

  she represents
- Is cosúil go raibh sí mímhacánta nuair a tháinig sí chun an suirbhé a dhéanamh, áfach, agus gur inis sí bréaga chun an t-eolas a bhí uaithi a bhaint amach, ach ní léir dúinn i gceart.

Dís mar ghearrscéal

Is gearrscéal é 'Dís'. Seo roinnt de na tréithe a bhaineann leis an ngearrscéal.

Cuimhnigh!

NB. Ní freagra samplach é seo. Tá tréithe an ghearrscéil thíos agus tagairt ghinearálta do na tréithe sin sa scéal seo. Bheadh na sonraí ón scéal ag teastáil i gceist scrúdaithe.

- Ba cheart go mbeadh téama láidir amháin nó ceacht amháin ann. Is cinnte go bhfuil sé seo fíor maidir leis an scéal 'Dís'. Féach an téama, leathanach 145.
- Ba chóir go mbeadh an téama/ceacht sin uilíoch, sé sin go mbeadh tuiscint ag léitheoir ar bith ar an téama sin. Níl aon dabht ach gur téama uilíoch é an saol pósta, stádas na mban, go háirithe mná tí, srl.
- Ba chóir go gcloífeadh an t-údar leis an téama ó thús deireadh an scéil agus tá sé seo fíor freisin maidir leis an scéal seo. Feicimid easpa tuisceana, neamhaird, mífhoighne, srl ó thús go deireadh an scéil.
- Ó am go chéile, úsáidtear seifteanna beaga le haird an léitheora a dhíriú ar ábhar an scéil. Feicimid seifteanna éifeachtacha sa scéal seo – an chaint dhíreach, críoch thobann, casadh sa scéal, srl.
- Ba chóir go mbeadh réalachas in ábhar an scéil agus tá réalachas gan aon amhras in ábhar an scéil seo. Is dócha go mbíonn fadhbanna mar seo ag go leor daoine pósta ina saol.

Obair duit

1. 'Is dócha gurb é an easpa cumarsáide is cúis le mórchuid fadhbanna sa chaidreamh idir an lánúin óg sa ghearrscéal seo'. Do thuairim uait faoin ráiteas sin.
2. 'Ábhar uilíoch, nua-aimseartha atá faoi chaibidil sa ghearrscéal seo'. Do thuairim uait faoin ráiteas sin.
3. An scéal seo a ríomh mar ghearrscéal. Luaigh agus mínigh tréithe an ghearrscéil, mar a fheictear sa scéal seo iad.

Hurlamaboc

le hÉilis Ní Dhuibhne

Caibidil 1: Fiche Bliain Faoi Bhláth

Achoimre ar an sliocht

- Bhí Lisín agus Pól fiche bliain pósta agus bhí an teaghlach go léir ag ullmhú don chóisir mhór seachtain ina dhiaidh sin. Bhí Cú (Cuán, 13), a mac ab óige, ag tnúth leis an bhféasta, ach ní mar sin a bhí Ruán (18), an mac ba shine, cé gur lig sé a mhalairt air féin dá mháthair.
- Bhí Lisín féin ag súil go mór leis an gceiliúradh. Chuimhnigh sí siar ar an uair a bhuail sí le Pól. Bhí sé ag obair i siopa agus ní raibh mórán airgid ná suime aige in aon rud eile. Thaispeáin sise dó, áfach, go raibh sé in ann níos mó a dhéanamh lena shaol agus anois bhí sé ina fhear saibhir, léannta agus é ina chónaí i dteach breá, mór.
- Bhí Lisín dea-ullmhaithe don chóisir. Bhí dhá reoiteoir aici, a bhí lán de bhia deas agus bhí neart fíona ordaithe aici chomh maith. Bheadh an féasta acu taobh

amuigh dá mbeadh an aimsir go deas, ach ba chuma mar bhí an teach mór go leor agus maisithe go foirfe, dá mbeadh sé taobh istigh.

- Bhíodh an teach i gcónaí foirfe, néata ag Lisín, mar a bhíodh sí féin. Dúirt an tUasal Mac Gabhann, duine de na comharsana, go raibh sé deacair a chreidiúint go raibh Lisín pósta le fiche bliain, mar go raibh cuma i bhfad ní b'óige uirthi. Bhí ar Ruán aontú leis sa chás sin. Bhí sí tanaí agus gruaig fhada, fhionn uirthi.
- Ní raibh ach bean amháin ar Ascaill na Fuinseoige nach raibh gruaig fhionn uirthi. Bhí gruaig dhorcha ar Eibhlín, máthair Emma, ach bhí sise ait ar aon nós. Ní raibh sí cosúil leis na mná eile, a bhí i gcónaí néata agus gléasta go faiseanta – agus iad ag dul chomh fada leis an ngeata tosaigh fiú. Sheas Lisín amach uathu go léir, áfach, mar ní hamháin go raibh sí faiseanta, bhí sí foirfe!
- Bhí grá ag Ruán dá mháthair agus mar sin níor thuig sé an fáth ar thug sí easpa misnigh dó an t-am ar fad.
- Bhí rud éigin faoin Uasal Mac Gabhann nár thaitin le Ruán. Bhí súile géara aige agus é ag stánadh air, ar nós múinteora, cé go raibh sé **gealgháireach** freisin.

cheerful

- Bean álainn, ghealgháireach ab ea Lisín. Ní raibh uirthi post a fháil toisc go raibh ag éirí chomh maith sin le Pól. Ba léachtóir eisean, ach rinne sé níos mó airgid as a bheith ag ceannach stoc ar an idirlíon. B'fhear gnó cliste é agus bhí árasáin aige ar fud na hEorpa.
- Bhí Lisín gnóthach ina saol féin freisin. Bhí sí ina ball d'eagraíochtaí agus de chlubanna éagsúla agus bhí sí ábalta labhairt le haon duine ar aon ábhar. Is cosúil go raibh sí in iomaíocht leis na comharsana uaireanta agus gur theastaigh uaithi a bheith chun tosaigh orthu i gcónaí.

Téama an tsleachta

family life

Is dócha gurb iad na téamaí is mó sa sliocht seo ná **saol an teaghlaigh** agus saol na **meánaicme** i mBaile Átha Cliath. Tá an-bhéim ann freisin ar an íomhá a chuirtear amach i measc na gcomharsan. Ní mór a bheith chun tosaigh orthu an t-am ar fad! Tá téama **an ábharachais** le feiceáil go soiléir i gcarachtar Lisín, a clainne agus a comharsan ar Ascaill na Fuinseoige. Is ríthábhachtach dóibh ar fad íomhá ardnósach a chaomhnú i measc na gcomharsan eile.

middle-class

materialism

Na carachtair

Lisín

- Is í Lisín an príomhcharachtar sa chaibidil seo den úrscéal. Tá sí pósta le Pól le fiche bliain anuas agus tá beirt mhac acu.

- An chéad rud a fheictear dúinn fúithi ná go bhfuil sí ag tnúth go mór le cóisir mhór sa teach i gceann seachtaine. Tá sí ag ullmhú go díograiseach don cheiliúradh agus is léir go bhfuil sí **imithe thar fóir** sna hullmhúcháin chun a híomhá a chaomhnú i measc na gcomharsan.

gone overboard

- Níl Ruán, a mac, ag súil leis an bhféasta, ach deir sé léi go bhfuil, chun í a shásamh, cosúil le mórán daoine eile. Is cosúil mar sin, nach dtugann sí mórán airde ar mhianta daoine eile, agus í ag caomhnú a híomhá féin. Tá **leithleachas agus ardnósacht** le feiceáil sa mhéid seo.

selfishness and snobbery

- Tá sí féin **uaillmhianach** gan dabht agus is cosúil go gcuireann sí brú ar a clann a bheith amhlaidh. Tá sí mórtasach as a cuid caithréime i dtaobh rathúlacht a fir chéile Pól agus tá an chuma ar an scéal go bhfuil sí ag cur brú mar sin ar a mac Ruán anois. Deirtear linn, cé go molann sí é i gcónaí, go gcuireann sí lagmhisneach air.

ambitious

- Is bean thanaí, néata, ghealgháireach í. Tá gruaig fhionn uirthi agus tá cuma níos óige uirthi ná mar atá sí, mar a deir an tUasal Mac Gabhann lena mac. Is bean an iontach í freisin agus coinníonn sí a teach chomh néata, foirfe is a choinníonn sí í féin.
- Is léir go gcuireann sí an-bhéim go deo ar a híomhá i measc na gcomharsan. Tá sé tábhachtach di a bheith chun tosaigh orthu, ina cuid faisin, a cuma fhisiciúil agus a clann. Léiríonn sé sin chomh **hardnósach** is atá sí agus chomh tábhachtach is atá sé di a bheith galánta i gcónaí. Sin é an fáth a bhfuil sí páirteach i ngach club agus eagraíocht faoin spéir. An nglacann sí sos ar chor ar bith?

snobby

- Deirtear linn ag an deireadh go bhfuil sí foirfe mar dhuine agus is ansin a thugaimid faoi deara **an íoróin** agus an magadh atá i gceist ag an údar faoin dromchla i dtaobh mná den mheánaicme dá leithéid!

the irony

Ruán

- Is é Ruán an mac is sine sa chlann. Tá sé ocht mbliana déag d'aois agus is léir nach bhfuil an caidreamh idir é féin agus a mham **thar moladh beirte**. Deirtear linn go bhfuil grá aige di ach go gcothaíonn sí easpa misnigh ann.

not great

- Tá sé **dea-bhéasach** léi agus leis an Uasal Mac Gabhann, cé nach dtaitníonn sé leis mórán.

well-mannered

Pól

- Is fear céile Lisín é Pól. Sular phós sé, deirtear linn go raibh sé ag obair i siopa agus **nach raibh saibhreas aige ná uaillmhian ar bith ann.**

he had no wealth or ambition

- Tar éis fiche bliain de phósadh, áfach, feictear dúinn gur **fear éirimiúil, saibhir** é. Is **fear gnó rathúil** é, chomh maith le bheith ina léachtóir ollscoile. I súile Lisín, tá sé mar seo mar gheall uirthi féin. Chonaic sise 'na féidearthachtaí a bhí sa bhuachaill **aineolach** sin'.

intelligent and wealthy

successful businessman

ignorant

- Is cosúil dúinn gurb í Lisín a stiúrann cúrsaí ina gcaidreamh pósta agus sa teaghlach, cé go bhfuil Pól an-chliste ar fad le cúrsaí airgid, srl.

Na mioncharachtair

Tá triúr mioncharachtar sa chaibidil seo den úrscéal: Cuán, an buachaill is óige atá ag súil go mór leis an gcóisir; An tUasal Mac Gabhann, an chomharsa a mbíonn scéalta grinn aige go minic ach a bhfuil súile géara aige; agus Eibhlín, bean a bhfuil gruaig dhorcha uirthi. Ní thuigeann éinne conas a fuair sí teach ar an mbóthar seo. Mar sin, caithfidh nach dtagann an bhean seo ón aicme cheart, dar lena cuid comharsan. Léiríonn an carachtar seo dúinn an ardnósacht a bhaineann leis na daoine ar fad ar an mbóthar.

An mheánaicme mar a chuirtear os ár gcomhair í

- Tá **scigmhagadh** á dhéanamh ag an údar faoi dhaoine meánaicmeacha áirithe a chónaíonn i gceantair éagsúla i mBaile Átha Cliath agus ar an ardnósacht a bhaineann leo. Feictear é seo go soiléir i gcarachtar Lisín go háirithe (féach thuas) agus in iompar na mban eile sa chomharsanacht freisin. Deirtear linn nach dtiocfaidís chomh fada leis an ngeata tosaigh dá dtithe gan **smideadh** nó éadaí faiseanta a bheith orthu.

jeering

make-up

- Bíonn **drogall** ar na mná glacadh le haon duine atá difriúil sa cheantar. Ní thuigeann siad conas a fuair Eibhlín teach ar an mbóthar céanna leo, toisc nach bhfuil gruaig fhionn uirthi agus nach gcomhlíonann sí na caighdeáin atá uathu, is dócha!

reluctance

- Is fíor, mar sin, nach íomhá ródhearfach ná rótharraingteach den aicme seo a thugtar dúinn sa chuid seo den leabhar.

Stíl

Tá stíl dheas, shimplí éadrom ag an údar sa sliocht seo. Tá an teanga go deas soléite agus nua-aimseartha. Úsáidtear cúpla focal Béarla anseo is ansiúd, mar a dhéanann muintir na Gaeltachta sa chaint. Is oiriúnach na focail *cool* agus *crap* do bhuachaill ocht mbliana déag. D'fhéadfaí a rá gur focail fhaiseanta iad sin! Is leabhar do dhéagóirí é *Hurlamaboc* agus, mar sin, tá an teanga agus an t-ábhar atá faoi chaibidil ag an údar (féach **téama** thuas) an-oiriúnach.

Obair duit

1. Cad is téama don sliocht seo, dar leat, agus conas a chuirtear an téama sin os ár gcomhair sa scéal?
2. An dtaitníonn Lisín leat mar charachtar? Mínigh.
3. 'Ní léiriú ródhearfach a fhaighimid ar na mná a chónaíonn ar Ascaill na Fuinseoige sa chuid seo den leabhar.' Céard é do mheas ar an ráiteas sin?

Oisín i dTír na nÓg

Scéal ón mBéaloideas

Achoimre ar an scéal

Tús

- Bhí trí chéad fear amuigh ag iarraidh leac mhór a thógáil ón talamh i nGleann na Smól (áit a mbíodh na Fianna ag fiach) lá, agus ní raibh ag éirí leo. Chonaic siad uathu ansin fear mór, dathúil ag teacht ina dtreo agus d'iarr duine dá gceannairí cabhair ar an strainséir.
- Bhí ionadh air siúd nach raibh ag éirí leis na fir. Chrom sé síos agus rug sé ar an leac agus chaith sé í timpeall daichead slat amach uaidh. Leis an neart agus leis an bhfórsa a d'úsáid sé, áfach, bhris iall na diallaite agus go tobann bhí sé ina luí ar thalamh na hÉireann. Bhí sé ina sheanfhear bocht, dall anois agus d'imigh an capall bán uaidh, na cosa in airde.
- Tugadh an strainséir aisteach seo go dtí Naomh Pádraig. D'fhiafraigh Pádraig de cérbh é féin agus d'fhreagair an fear gurbh 'Oisín atá fágtha i ndiaidh na bhFiann' é. Dúirt sé le Pádraig go raibh a dhathúlacht agus radharc na súl imithe uaidh anois agus go raibh sé ina sheanfhear.
- Nuair a bheannaigh Pádraig dó, d'iarr sé air a scéal a insint dó agus shuigh Oisín síos agus d'inis sé a scéal.

Scéal Oisín

- Bhí Fionn agus na Fianna amuigh ag seilg lá amháin in aice le Loch Léin. Go tobann chonaic siad uathu an bhean ab áille a chonaic siad riamh ag teacht chucu. Nuair a d'fhiafraigh Fionn di faoi cérbh í féin, dúirt sí gurbh í Niamh Chinn Óir, iníon Rí na nÓg, í. Dúirt sí go raibh sí tagtha mar gheall ar a grá d'Oisín (mac Fhinn).
- Chuir Niamh geasa draíochta ar Oisín imeacht léi go Tír na nÓg, agus gheall dó nach n-éireodh sé sean choíche agus go mbeadh saol aoibhinn aige le flúirse bia, dí agus grá. Suas le hOisín ar dhroim an chapaill le Niamh, mar sin, agus chuaigh na Fianna in éineacht leo chomh fada leis an bhfarraige mhór. Bhí an-bhrón ar Oisín agus ar Fhionn agus iad ag fágáil slán ag a chéile.

- D'imigh an capall leis ansin thar farraige agus tháinig siad i dtír ag dún Rí na mBeo, áit a raibh iníon an rí i ngéibheann ag Fómhar Builleach. Tar éis trí lá troda le Fómhar Builleach, faoi dheireadh, bhain Oisín a cheann de agus scaoil sé saor an cailín.
- Lean siad ar aghaidh ansin go dtí Tír na nÓg. Tír aoibhinn ab ea í agus cuireadh fáilte mhór roimh Oisín. Bhí áthas an domhain ar an rí agus ar an mbanríon iad a fheiceáil. Bhí féasta acu ar feadh deich lá agus deich n-oíche agus ansin pósadh Oisín agus Niamh.
- Chaith siad saol álainn i dTír na nÓg, gan dul in aois agus bhí triúr páistí ag an lánúin óg; Fionn, Oscar agus Plúr na mBan.
- Faoi dheireadh, áfach, bheartaigh Oisín gur mhaith leis Fionn agus na Fianna a fheiceáil arís agus d'iarr sé an capall bán ar Niamh. Níor theastaigh ó Niamh ligean dó imeacht agus thug sí trí rabhadh dó gan teacht anuas den chapall, mar go n-éireodh sé ina sheanfhear dall, gan lúth ná fuinneamh. Rinne sí iarracht a mhíniú dó go mbeadh Éire athraithe go mór nuair a bhainfeadh seisean amach í.
- Nuair a d'fhill Oisín ar Éirinn, ní raibh tásc ná tuairisc ar na Fianna agus níor aithin sé aon duine. Chuaigh sé chomh fada le hAlmhain Laighean agus ní raibh teach Fhinn ann a thuilleadh. Tháinig an-bhrón air.

Críoch

- Nuair a bhí a scéal inste ag Oisín, dúirt Pádraig leis go bhfaigheadh sé áit ar Neamh de bharr a chuid bróin. Thug Pádraig cuireadh dó teacht in éineacht leis féin agus a chompánaigh ar fud na tíre, toisc gur ghlac sé trua dó, gur mhaith leis na seanscéalta a fháil uaidh agus gur mhian leis soiscéal Dé a mhúineadh dó. Ghlac Oisín leis an gcuireadh sin, mar ba mhian leis siúl sna háiteanna ina raibh na Fianna na blianta ó shin.
- Nuair a tháinig an bia, d'fhiafraigh Pádraig de ar mhaith leis a bhéile a ithe le gach duine eile sa bhialann. B'fhearr le hOisín fanacht leis féin, a dúirt sé, mar nach raibh aithne aige ar aon duine acu anois.

Téama an scéil

Is iad na téamaí is mó sa scéal seo ná grá, rómánsaíocht, crógacht, draíocht agus brón. ***Tá siad seo go léir le feiceáil sna heachtraí thuas agus sna carachtair féin.***

Na carachtair

Oisín

- Is mac le Fionn é Oisín agus tá sé pósta le Niamh Chinn Óir.
- Is fear óg, dathúil, láidir é i dtús an scéil. Feicimid chomh cabhrach agus láidir atá sé nuair a bhogann sé an leac.
- Nuair a thagann sé ar ais ó Thír na nÓg, níl sé sásta nach bhfuil tásc ná tuairisc ar na Fianna agus ní theastaíonn uaidh a bheith beo ina ndiaidh. Is fear **maoithneach** é, mar sin.

sentimental

- Tá **grá** láidir aige dá athair agus do na Fianna agus tá an-bhrón air iad a fhágáil. Tá sé i ngrá go mór le Niamh, áfach, agus is é sin an fáth a n-imíonn sé léi, ar ndóigh.
- Feicimid **a chrógacht** go mór nuair a shroicheann sé dún Rí na mBeo agus nuair a chaitheann sé trí lá ag troid le Fómhar Builleach chun an cailín a scaoileadh saor. (his bravery)
- Nuair a bhíonn sé i dTír na nÓg, ní dhéanann sé dearmad ar a mhuintir ná a chairde sa bhaile. Mothaíonn sé uaigneach agus **cinneann sé** filleadh ar Éirinn. (He decides)
- Fágtar sinn le híomhá d'fhear brónach, caillte i ndeireadh an scéil.

Niamh Chinn Óir

- Is bean óg, álainn í Niamh. Deirtear linn sa scéal gurb í an bhean is áille dá bhfaca na Fianna riamh í. Tá gruaig fhada fhionn uirthi, súile gorma aici agus í gléasta go gleoite.
- Tagann an spéirbhean seo ar chapall bán agus meallann sí Oisín go Tír na nÓg. Baineann **tréithe osnádúrtha** léi sa chaoi a gcuireann sí Oisín **faoi gheasa draíochtach,** mar shampla. (supernatural traits) (under a magical spell)
- Tá sí dúnta i ngrá le hOisín agus ba mhaith léi a tír dhraíochtach a roinnt leis.
- Tugann sí saol iontach d'Oisín agus tá imní agus brón uirthi nuair a deir sé léi gur mhaith leis filleadh ar Éirinn.
- Ligeann sí dó imeacht, áfach, ach tugann sí trí rabhadh dó, gan teacht anuas den chapall. Léiríonn sé seo a grá láidir agus a cneastacht dá fear céile.

Fionn

- Is é Fionn athair Oisín agus is fear láidir, cróga eisean chomh maith. Tá sé ina **cheannaire** ar na Fianna agus deirtear linn go mbíonn siad amuigh ag fiach agus ag troid. (leader)
- Tá **cion mór** aige ar a mhac agus tá an-bhrón air go bhfuil sé ag imeacht le Niamh. Ag an am céanna, ní dhéanann sé aon iarracht cosc a chur le hOisín saol sona a bhaint amach dó féin. (great affection)

Tá go leor mioncharachtar sa scéal seo freisin, a bhfuil tábhacht ag baint leo sna heachtraí a tharlaíonn.

Tréithe na Fiannaíochta sa scéal

Is éard atá san Fhiannaíocht ná scéalta agus dánta faoi laochra. Saighdiúirí ab ea na Fianna, a raibh sé de dhualgas orthu Éire a chosaint nuair a bhí Cormac Mac Airt ina ard rí. Is cuid den bhéaloideas iad na scéalta agus dánta. Seo a leanas na tréithe atá le feiceáil sa scéal seo.

- **Coimhlint idir an Phágántacht agus an Chríostaíocht.** *Buaileann Oisín leis an gCríostaíocht den chéad uair nuair a bhuaileann sé le Naomh Pádraig.*

- **Áibhéil**: *an capall ag dul thar farraige, Oisín ag bogadh agus ag caitheamh na leice, srl.*
- **Crógacht**: *na Fianna ag troid, Oisín ag troid ar feadh trí lá in aghaidh Fhómhar Builleach, srl.*
- **Geasa**: *cuireann Niamh Oisín faoi gheasa draíochtach ...*
- **An Troid mar Bhunábhar**: *Cath Ghabhra a luaitear agus an troid idir Oisín agus Fómhar Builleach ...*
- **Na hUimhreacha 3, 7 agus 10**: *tá triúr páistí ag Niamh agus Oisín, lig na Fianna trí scairt bhrónacha astu ...srl. Chaith Oisín an leac seacht bpéirse as a háit ... Mhair an féasta i dTír na nÓg deich lá agus deich n-oíche.*

Obair duit

1. 'Críochnaíonn an scéal seo beagnach mar a thosaíonn sé.' An aontaíonn tú leis an ráiteas sin? Mínigh a bhfuil i gceist agat.
2. Tréithe na Fiannaíochta, mar a fheictear sa scéal seo iad, a phlé.
3. Tabhair cuntas gearr ar charachtar Neimhe mar a fheiceann tusa sa scéal seo í.

Seal i Neipeal

le Cathal Ó Searcaigh

(sliocht as dírbheathaisnéis)

Achoimre ar an sliocht

- Tar éis don údar a dhinnéar a ithe tráthnóna amháin, tháinig fear ramhar isteach chun labhairt leis. Chuir sé ceist i ndiaidh ceiste ar an údar, go háirithe i dtaobh cúrsaí airgid. Ón gcaoi a raibh sé ag stánadh air agus á cheistiú, thuig an t-údar nach raibh **dílseacht** ná macántacht ag baint leis an bhfear seo agus níor thug sé dó ach fíorbheagán eolais agus bréaga.

  sincerity/ loyalty

- Bhí an fear gaolta le bean an tí agus bhí sé ar a bhealach ar ais go Kathmandu, áit a raibh sé páirteach i ngnóthaí éagsúla, dar leis. Thosaigh sé ag maíomh as féin ansin – as a chuid gnóthaí agus a mhisneach nuair a bhí sé ní b'óige. Dar leis féin, bhí daoine ag obair dó ar fud an cheantair. B'fhear gnó mór é agus bhí sé gléasta go maith chun tacú leis an íomhá sin. Bhí a fhios ag an údar go raibh sé ag iarraidh dallamullóg a chur air, ach cheannaigh sé dhá bheoir don strainséir agus d'ól sé iad go santach.
- D'éirigh an fear plámásach leis an údar ansin agus dúirt sé leis go raibh ádh mór orthu bualadh le chéile agus mhol sé don údar infheistiú ina chomhlacht déanta páipéir. Gheall sé dó go ndéanfadh sé an-chuid airgid as. Tháinig sé **ní ba chóngaraí** dó ansin agus dúirt sé go mbeadh sé amaideach airgead a chur amú ar dhlíodóir le haghaidh gnó bhig mar sin. Socrú idir cairde a bheadh ann!

  closer

- Ag breathnú air, shíl an t-údar go raibh taithí mhaith ag an '**slíodóir**' seo ar an dallamullóg a chur ar dhaoine agus, mar sin, in ionad bata agus bóthar a thabhairt dó, shocraigh Ó Searcaigh ar leanúint ar aghaidh leis an gcluiche.

sneak

- Nuair a d'ordaigh an t-údar an tríú buidéal beorach ón gcistin, thóg Ang Wong Chuu ar leataobh é, mar bhí sé ag éirí buartha faoi. Gheall an t-údar dó nach mbuailfeadh an '**breallán**' seo bob ar bith air agus gan imní a bheith air.

chancer/ blunderer

- D'fhiafraigh Cathal den fhear ansin, cé mhéad airgid a bheadh i gceist agus tháinig aoibh mhór ar aghaidh an strainséara. Cheap sé go raibh an cluiche leis. Míle dollar a dúirt sé a bheadh ag teastáil don ghnó. Nuair a bhraith sé go raibh an t-údar ag éirí amhrasach, chuir an fear a lámha timpeall air agus dúirt sé leis gan eagla a bheith air, toisc go raibh sé féin go hiomlán glan, macánta.
- Nuair a chuala sé ansin go raibh an t-údar chun airgead a thabhairt dó, bhí lúcháir ar an bhfear agus ghuigh sé beannachtaí air. Thug Cathal a lán *lire* Iodálacha gan luach dó agus d'fhéach mo dhuine orthu go santach, gan tuairim aige nach raibh luach sna nótaí.
- Nuair a fuair an fear an t-airgead, thosaigh sé **ag méanfach** agus dúirt sé leis an údar go dtabharfadh sé a sheoladh agus na sonraí go léir dó an mhaidin dár gcionn. Níor mhaith leis an údar 'míchothrom a dhéanamh le duine ar bith', ach bhí sé tuillte go maith ag an slíbhín seo. Bhainfí geit mhaith as nuair a rachadh sé go dtí banc nó biúró in Kathmandu. Bhain an t-údar sult as an smaoineamh sin!

yawning

- Faoin am a d'éirigh an t-údar an mhaidin dár gcionn, áfach, bhí an fear bailithe leis. Fuair Ó Searcaigh amach ó bhean an tí go raibh an fear seo i dtrioblóid leis an dlí cheana agus gur chaith sé tréimhse sa phríosún. Bhí sé ina alcólaí dífhostaithe, scartha óna chlann agus ní raibh baint dá laghad aige le gnó ar bith. Cheap bean an tí go raibh sé ag maireachtáil anois ar an ngadaíocht.

Téama an tsleachta

- Is iad na téamaí is mó atá le feiceáil sa sliocht ón dírbheathaisnéis seo ná **caimiléireacht**, saint, cleasaíocht agus **uabhar**. Insítear an chuid seo den scéal dúinn i stíl shimplí, thaitneamhach agus tá **féith an ghrinn** san údar le feiceáil go soiléir san insint sin.

corruption

arrogance

sense of humour

Na carachtair

An fear beag beathaithe

- Is carachtar cam, glic, santach é an fear seo ón nóiméad a chastar orainn é sa sliocht. Ní insíonn sé ach bréaga don údar – deir sé leis gur fear gnó é agus tá sé ag maíomh as a chuid gnóthaí. Deir sé go bhfuil daoine fostaithe aige ar fud an cheantair agus go bhfuil sé ar a bhealach ar ais go Kathmandu, áit a bhfuil baint aige le comhlachtaí agus a bhfuil sé ina fhear gnó **rathúil.**

successful

- Tá sé gléasta go galánta, is dócha chun a chuid saibhris a chruthú d'aon turasóir a chreidfidh a chuid scéalta. Ní hamháin go raibh sé ag iarraidh an dallamullóg a chur ar an údar mar sin, ach ceapann an t-údar go bhfuil **taithí mhaith aige ar an gcineál sin iompair.**

a lot of experience of that kind of behaviour

odge/ shonest nd clever

- Tá sé **sleamhain agus cliste** ann féin, sa chaoi a ndéanann sé iarracht airgead a fháil óna **íobartach.** Tá sé chomh **neamhthrócaireach** sin nuair a éiríonn leis carn airgid a fháil dó féin gur cuma leis a rá go bhfuil tuirse air agus éalú ansin i ngan fhios don údar. Léiríonn sé seo arís **an tsaint uafásach** a bhaineann leis.

victim — ruthless — terrible greed

- Is ag deireadh an tsleachta, áfach, a thuigtear dúinn go bhfuil go leor fadhbanna pearsanta ag an bhfear beag, ramhar agus is beag nach mothaímid trua éigin dó. Is alcólaí é atá dífhostaithe agus scartha óna bhean agus a chlann mar gheall ar théarma príosúnachta a gearradh air. Is cosúil go maireann sé anois ar an ngadaíocht.

An t-údar

- Ó thús an tsleachta, feicimid gur duine cliste, **géarchúiseach** é an t-údar. Ón nóiméad a leagann sé súil ar an strainséir, tuigeann sé go bhfuil sé mímhacánta agus gur duine santach, suarach é. Mar sin, socraíonn sé féin bob a bhualadh ar an bhfear eile agus an lámh in uachtar a fháil air.

discerning

- Ligeann sé air go bhfuil sé meallta ag scéalta an fhir agus go bhfuil suim aige airgead a infheistiú leis. Tá an t-údar féin in ann a bheith glic agus mímhacánta chomh maith!
- Baineann sé sásamh agus pléisiúr as a bheith ag imirt cluichí leis an bhfear beathaithe agus teastaíonn uaidh a bheith chun tosaigh agus bob a bhualadh air. Tá **sotal agus díomas** ag baint lena chuid gníomhartha, áfach. Ní bheadh aon bhaint ag formhór na ndaoine le duine den chineál seo in aon chor.

arrogance and contempt

- Níl aon amhras ach go bhfuil **féith an ghrinn** go mór san údar seo. Tá slí éadrom, thaitneamhach, ghreannmhar aige leis an scéal seo a insint. Úsáideann sé friotal agus nathanna cainte dúchasacha sa chur síos a thugann sé ar an bhfear, mar shampla 'a thóin le talamh ..., cha raibh a fhios aige, ach oiread lena thóin ..., Chuir sé luaith ar fud na háite le méid a dhíograise'. Feicimid greann agus **scigmhagadh** sa fhriotal sin.

a sense of humour — mockery

- Deir an t-údar linn sa sliocht nach maith leis a bheith míchothrom le haon duine, ach gur cheap sé go raibh an méid sin tuillte ag an bhfear beathaithe. B'fhéidir go bhfuil an fhírinne á hinsint aige, ach tá an chuma ar an scéal gur bhain sé an-sult as a bheith ag cleasaíocht leis an m**breallaire** seo.

silly fool

Na mioncharachtair

- Tá caidreamh maith ag an údar leis na mioncharachtair sa sliocht seo, gan amhras. Labhraíonn bean an tí go deas oscailte leis faoin bhfear beathaithe, cé go bhfuil sí gaolta leis agus bhí eagla uirthi nuair a cheap sí go raibh sé ag bualadh bob ar an údar.
- Tháinig Ang Wong Chuu i gcabhair ar an údar chun é a chosaint ar chaimiléireacht an fhir ramhair. Theastaigh uaidh dul isteach sa seomra leis chun é a chosaint.

Stíl

Mar atá léirithe thuas, tá stíl dheas thaitneamhach, éadrom in úsáid ag an údar sa sliocht seo. Friotal nádúrtha, dúchasach atá ann agus blas láidir de chanúint Dhún na nGall ann (*focail ar nós breallaire, ar mo chonlán féin*, *reaite*, srl). Tugtar cur síos géar, soiléir dúinn ar an eachtra le mórán mionsonraí agus mar sin tá sé éasca don léitheoir an suíomh go léir a shamhlú. Cuirimid aithne mhaith ar na carachtair, cé nach bhfuil ach sliocht gearr den dírbheathaisnéis againn anseo.

Tá féith an ghrinn le feiceáil go láidir san údar, rud a chuireann go mór leis an taitneamh a bhainimid as an sliocht. Cé go bhfuil coimhlint mhór idir an bheirt phríomhcharachtar, ní mhothaíonn an léitheoir teannas in aon chor de bharr éadroime na stíle inste. Ina ionad sin, is féidir linn taitneamh a bhaint as an gcoimhlint a tharlaíonn eatarthu.

Obair duit

1. 'D'fhéadfaí a rá gur insint chlaonta atá againn ar an eachtra a tharla sa sliocht seo ó dhírbheathaisnéis Uí Shearcaigh.' Do thuairim uait faoin ráiteas sin.
2. Téama na coimhlinte a mheas sa sliocht seo.
3. Céard é do thuairim féin faoi ghníomhartha an údair sa sliocht? Mínigh.

An Gnáthrud

le Déirdre Ní Ghrianna

Achoimre ar an ngearrscéal

- Bhí Jimmy ag ól pionta lena chairde tar éis na hoibre tráthnóna Dé hAoine i mBéal Feirste. Smaoinigh sé ar a bhean agus a pháistí sa bhaile agus na deacrachtaí a bheadh ag Sarah an páiste ba shine a chur a chodladh.
- Bhraith Jimmy ciontach dul ag ól gach Aoine, go háirithe nuair a chuimhnigh sé ar an gcúpla, nach raibh ach sé mhí d'aois fós. Chuir Sarah brú air bualadh lena chairde, áfach, mar níor mhaith léi go gceapfadh a chairde go raibh Jimmy faoi smacht aici.

- Bhain seisean taitneamh níos mó as an gcraic agus as an gcomhluadar sa teach tábhairne ná an t-alcól. Níor ól sé mórán in aon chor. D'fhéach sé ar na fir ('meisceoirí') ag an mbeár, daoine a d'aithin sé ó bheith ina suí ar na stólta céanna i gcónaí. Níor thuig Jimmy cén fáth nach mbeidís ag iarraidh dul abhaile.
- **Chuir sé sin ag machnamh é**, ar an saol sona a bhí aige féin lena bhean chéile Sarah agus a pháistí ina dteach compordach. Rinne sé féin agus Sarah an-chuid oibre ar an teach chun baile a dhéanamh de. Bhí Jimmy ag súil le hoíche Dé Sathairn nuair a bheadh sé féin agus Sarah le chéile ag breathnú ar **fhíseán** agus ag ól fíona.

set him thinking

video

- Cheannaigh Jimmy deoch eile dá chairde, chríochnaigh sé a phionta féin agus ansin d'fhág sé slán ag an gcomhluadar. Ar aghaidh leis go dtí an Jasmine Palace chun curaí agus *chop suey* a cheannach dó féin agus Sarah.
- Labhair sé le Liz, an freastalaí, faoi dhul abhaile ach mhothaigh sé ciontach a bheith ag caint mar sin léi, mar bhí a fhios aige go raibh sí féin tréigthe ag fear óg agus go raibh sí fágtha ina máthair shingil anois.
- Bhí scata déagóirí sa chúinne a bhí ar meisce agus ag labhairt **go gáirsiúil** lena chéile. Níor thaitin a gcuid cainte le Jimmy, ach thug sé cúpla pingin dóibh chun cabhrú leo béile a cheannach nuair a lorg ógánach airgead air.

crudely

- Nuair a chuaigh sé amach ar an tsráid, bhraith sé go raibh an oíche ní b'fhuaire agus chuir sé an mála bia lena ucht. Chuimhnigh sé ar an tine mhór a bheadh sa teach agus Sarah ag súil leis. Bhí sé chun a rá le Sarah an oíche sin cé chomh sásta is a bhí sé a bheith pósta léi.
- Bhí Jimmy chomh caillte sin ina chuid smaointe nár thug sé faoi deara carr ag druidim leis sa dorchadas. Tháinig caint gháirsiúil ón gcarr agus scaoil fear óg a bhí ann urchar, a bhuail Jimmy sa cheann agus a d'fhág ar an tsráid fhuar é, a chuid fola ag meascadh leis an mbia a bhí sa mhála aige.

Téama an ghearrscéil

Tá an foréigean chun tosaigh sa ghearrscéal seo, gan aon amhras. Is i mBéal Feirste atá an scéal bunaithe i rith thréimhse na dTrioblóidí. Tá a fhios againn go léir gur maraíodh go leor daoine **mánla**, neamhurchóideacha sna Trioblóidí i dTuaisceart Éireann agus tá an téama sin le feiceáil go mór anseo. Tá saol an ghnáth-theaghlaigh mar théama sa scéal freisin agus an gnáthshaol a chaitheann an teaghlach seo, na nósanna a chleachtann siad agus an grá láidir atá acu dá chéile. Críochnaíonn an scéal ar nóta an-bhrónach ar fad.

gentle

Na carachtair

Jimmy

- Fear óg ó Bhéal Feirste é Jimmy. Tá sé pósta le Sarah agus tá triúr clainne acu – John atá ceithre bliana d'aois agus an cúpla, Elizabeth agus Margaret, atá sé mhí d'aois. Is léir go bhfuil Jimmy an-sona lena theaghlach agus go bhfuil grá mór aige dá bhean chéile agus dá pháistí.
- Tá sé ag obair sa **tionscal tógála** agus tá nós aige bualadh lena chairde ón obair sa teach tábhairne gach tráthnóna Dé hAoine tar éis na hoibre. Baineann sé taitneamh as an gcraic agus as an gcuideachta, ach ní ólann sé mórán.

  construction industry
- **Braitheann sé ciontach** sa teach tábhairne, áfach, toisc nach bhfuil sé sa bhaile ag cabhrú le Sarah agus ag caitheamh ama lena pháistí. Léiríonn sé seo an grá mór atá aige dóibh agus a dhílseacht dóibh, fiú amháin agus é i gcuideachta a chairde.

  he feels guilty
- Is **fear ionraic, díograiseach** é. Tacaíonn sé lena chara san obair nuair nach bhfuil an **saoiste** sásta le hobair a charad. Chaith sé beagnach bliain ag obair ar a theach ina **chuid ama shaoir** chun baile a dhéanamh de.

  an honest and hardworking man

  foreman

  in his own free time
- Tá sé buíoch as an saol aoibhinn atá aige anois agus ba mhaith leis an méid sin a rá le Sarah ach, faraor géar, ní éiríonn leis.
- Is léir gur **fear teaghlaigh** lách, síochánta é Jimmy agus nach bhfuil aon bhaint aige le cúrsaí polaitíochta. Is **íobartach soineanta** é dá **chinniúint uafásach** i ndeireadh an scéil.

  family man

  innocent victim

  terrible fate

Sarah

- Bean dhílis, chiallmhar í Sarah. Tugann sí aire maith dá cuid páistí agus tá grá mór aici dá fear céile, Jimmy.
- Is duine bródúil í. Tá sí róbhródúil chun ligint do Jimmy teacht abhaile in ionad dul go dtí an teach tábhairne lena chairde. Tá eagla uirthi go gceapfaidh a chairde go bhfuil Jimmy faoi smacht aici.
- Tá sí féin díograiseach chomh maith. Chaith sí an-chuid ama agus fuinnimh ag maisiú an tí go dtí go raibh sé cosúil le teach galánta in **iris lonrach**.

  glossy magazine
- Is cinnte go mbeidh sí croíbhriste ar fad nuair a chloisfidh sí faoi dhúnmharú Jimmy agus cuimhníonn an léitheoir uirthi ag an deireadh.

Na mioncharachtair

- Níl ach triúr mioncharachtar sa ghearrscéal seo, ach tá áit thábhachtach acu toisc go gcuirimid aithne níos fearr ar Jimmy leis an teagmháil a dhéanann sé leo. Is duine dá chairde ón obair é Billy agus toisc go bhfuil sé ar **an drabhlás** le seachtain anuas ag ceiliúradh bhreith a gharmhic, níl an saoiste sásta lena chuid oibre, ach tugann Jimmy tacaíocht dá chara leis an saoiste.

  drinking a lot

- Is freastalaí sa teach tábhairne é Micí agus chomh luath is a luann seisean an cúpla agus an saol gnóthach a bhíonn ann le leanaí, buaileann an dara smaoineamh Jimmy faoin bpionta breise a cheannach dó féin agus fágann sé an teach tábhairne níos luaithe ná is gnách. Tá páirt ag Micí, i ngan fhios dó mar sin, i gcríoch an scéil agus i **gcinniúint** Jimmy.

fate

- Taispeánann an **teagmháil** ghearr a bhíonn ag Jimmy le Liz (an freastalaí sa bhialann Shíneach), an meas atá ag Jimmy ar mhothúcháin daoine eile. Mothaíonn sé ciontach faoi bheith ag caint faoina theaghlach féin nuair is eol dó nach bhfuil saol sona teaghlaigh ag Liz. Is léir freisin go bhfuil muinín ag Liz as, mar insíonn sí scéal príobháideach fúithi féin dó faoi rún.

contact

An Gnáthrud mar ghearrscéal

Tá na tréithe seo a leanas de chuid an ghearrscéil le fáil in An Gnáthrud.

- Ba cheart go mbeadh téama nó ceacht láidir amháin ann. Is cinnte go bhfuil sé seo fíor maidir leis an ngearrscéal seo (féach an téama, leathanach 158).
- Ba chóir go mbeadh an téama/ceacht sin uilíoch, sé sin go mbeadh tuiscint ag léitheoir ar bith ar an téamaí sin. Níl aon dabht ach gur téamaí uilíocha iad an foréigean agus saol an teaghlaigh i mBéal Feirste i rith na dTrioblóidí, a léirítear sa scéal seo.
- Ba chóir go gcloífeadh an t-údar leis an téama ó thús deireadh an scéil agus tá sé seo fíor freisin maidir leis an scéal seo. Tá leanúnachas agus forbairt ar an téama ó thús go deireadh an scéil. Tá an-bhéim ón tús ar théama an teaghlaigh agus is ar a bhean chéile atá Jimmy ag smaoineamh nuair a mharaítear é sa deireadh.
- Ó am go chéile, úsáidtear seifteanna beaga chun aird an léitheora a dhíriú ar ábhar an scéil. Feicimid seifteanna éifeachtacha sa scéal seo – an chaint dhíreach, críoch thobann, mionsonraí agus casadh. Tarraingíonn sé seo aird an léitheora ar an ábhar agus ar an téama.
- Faighimid léargas iontach ar an bpríomhcharachtar Jimmy sa scéal seo, rud eile a mhúsclaíonn suim an léitheora ina chinniúint uafásach sa deireadh.
- Ba chóir go mbeadh réalachas in ábhar an scéil. Is féidir a rá go bhfuil sé seo fíor chomh maith in 'An Gnáthrud'. Tá léargas againn ón scéal ar na dúnmharaithe seicteacha a tharla go ró-mhinic i dTuaisceart Éireann le linn ré na dTrioblóidí.

Stíl

- Tá stíl ghonta, shimplí, shoiléir in insint an scéil seo. Mothaímid teannas agus buairt don phríomhcharachtar, Jimmy, beagnach ón gcéad líne. Cuireann na mionsonraí agus na mioncharachtair go mór leis an teannas sin agus leis an **teannas** an scéil. Is mar sin a chuirimid aithne níos fearr ar Jimmy agus a ardaítear ár n-aird go mór ar a bhfuil i ndán dó.

  suspense

- Tá friotal an scéil bunaithe go mór ar an ngnáthchaint agus tá blas láidir de chanúint Uladh ann. Baineann an t-údar úsáid éifeachtach as caint dhíreach sa ghearrscéal agus úsáidtear nathanna cainte nádúrtha an Tuaiscirt chuige sin. Tugann sé seo léargas níos fearr dúinn ar an saol a bhí á chaitheamh i mBéal Feirste agus ar na caidrimh a bhí idir gnáthmhuintir Bhéal Feirste ag an am.
- Tá críoch thobann, thragóideach leis an scéal, rud a mhúsclaíonn mothúcháin an bhróin agus na trua go mór ionainn. Mothaíonn an léitheoir sa deireadh go bhfuil aithne aige/aici ar Jimmy, a **bhuí le** stíl dheas scríbhneoireachta an údair.

  thanks to

Obair duit

1. An scéal seo a mheas mar ghearrscéal.
2. 'Faighimid léargas maith sa ghearrscéal seo ar ré na dTrioblóidí i dTuaisceart Éireann.' Cad é do bharúil féin faoi sin.
3. An gceapann tú gur teideal oiriúnach é 'An Gnáthrud' don ghearrscéal seo? Cén fáth?

Cuimhnigh!

Nóta:

Tá na nótaí thuas oiriúnach d'aon cheist ghinearálta ar an bprós, ach ní mholtar duit iad a úsáid focal ar fhocal. Mar atá luaite cheana, caithfidh tú aird a choinneáil ar an gceist an t-am ar fad agus neart tagairtí a dhéanamh don cheist i do fhreagra.

CEIST SHAMPLACH

'Is siombail í Binncheol, an lasair choille de chruachás na gcarachtar sa dráma agus ar an réiteach atá i ndán dóibh'. An aontaíonn tú leis an ráiteas sin? Mínigh.

Cuimhnigh!

Tagraíonn an téacs sa chló trom go díreach don cheist.

FREAGRA SAMPLACH

Aontaím leis an ráiteas sin don chuid is mó. Is é an téama is láidre sa dráma seo ná an daoirse. Níl ach cúigear carachtar ar fad sa dráma agus i gcás ceathrair acu tá an easpa saoirse ina saol ag dul i bhfeidhm go mór orthu. **Is siombail í an t-éan den easpa saoirse seo, gan dabht, agus í i ngéibheann i gcás beag éin sa chistin.** Ní chanann sí ar chor ar bith, toisc í a bheith míshásta. Tá Micil, an cláiríneach, sáinnithe ina leaba agus é go fíochmhar míshuaimhneach. Tá Séamas faoi smacht ag Micil agus é ag lorg a shaoirse pearsanta féin agus tá Míoda i ngéibheann ag a hathair gránna.

Buailimid le Binncheol ag tús an dráma agus í sáinnithe i gcás éin. Is léir go bhfuil an easpa saoirse seo ag goilliúint go mór uirthi, toisc nach bhfuil Séamas in ann ceol ar bith a bhaint aisti. **Ag an bpointe seo, is léir nach dtuigeann Séamas go bhfuil sé féin sa chruachás céanna leis an éan, agus é i ngéibheann ag Micil.** Ní chreideann sé go bhfuil sé de chumas aige maireachtáil go neamhspleách ar an gcláiríneach a chuireann ina luí air i gcónaí nach bhfuil an cumas sin ann. Tá Séamas sáinnithe ag Micil, mar sin, **díreach mar atá an lasair choille sáinnithe aige féin.**

Feiceann Séamas a sheans éalaithe, áfach, nuair a thagann Míoda ar cuairt chuig an teach. Cé nach n-insíonn sí an fhírinne dó, cuireann Míoda ar a shúile do Shéamas go bhfuil sé de chumas aige imeacht as a stuaim féin amach ar an saol mór. Tá íoróin faoi leith ag baint leis seo, sa mhéid is go bhfuil an chuma ar an scéal nach n-aimsíonn sise a saoirse phearsanta féin ag deireadh an dráma.

Chaithfí a rá chomh maith go bhfuil Micil sáite ina chruachás truamhéileach féin agus é i bpríosún a leapa. Cosúil le Míoda, ní léir don lucht féachana go bhfuil a chuid saoirse pearsanta féin aimsithe aige ná go bhfuil saoirse ar bith **i ndán dó ag deireadh an dráma**. I ndáiríre, is é Séamas, mar sin, an t-aon charachtar, seachas an t-éan, a bhfuil neamhspleáchas, saoirse agus sonas bainte amach aige dó féin. **Mar shiombail den tsaoirse, socraíonn Séamas an lasair choille a scaoileadh as a cás agus, den chéad uair sa dráma, tosaíonn Binncheol ag canadh go binn.**

Is cinnte mar sin gur siombail an-éifeachtach í an lasair choille de théamaí an dráma. Seasann sí i dtosach don daoirse atá á fulaingt ag na carachtair eile agus níos déanaí don tsaoirse agus don sonas a bhaineann Séamas amach dó féin. Dar liom féin, is siombail níos mó den réiteach atá i ndán do Shéamas ná do Mhicil nó Míoda.

8 Gramadach

Aidhmeanna

- Gur fearr an tuiscint a bheidh agat ar na gnéithe tábhachtacha den ghramadach agus go mbainfidh tú tairbhe as na tascanna/cleachtaí.
- Go bhfeicfidh tú tábhacht na gramadaí i ngach cuid den scrúdú Gaeilge a dhéanfaidh tú.

Treoracha

- Tá an ghramadach tábhachtach in aon teanga agus ní haon eisceacht í an Ghaeilge. Moltar duit breathnú ar na rialacha móra gramadaí agus a chinntiú go bhfuil siad ar eolas agat. **Níl san aonad seo ach roinnt ceachtanna gramadaí atá luaite i gCaibidil 1.**

Briathra

Briathra rialta san aimsir chaite

Cuimhnigh!

BS = Briathar Saor

An chéad réimniú

Briathra aonsiollacha atá caol

1. **Bris** bhris mé/tú/sé/sí bhriseamar bhris sibh/siad

BS Briseadh

An Fhoirm Dhiúltach

Níor bhris

An Fhoirm Cheisteach

Ar bhris

Indíreach dearfach

Gur bhris

Indíreach diúltach

Nár bhris

2. **Fill** d'fhill d'fhilleamar

BS Filleadh

An Fhoirm Dhiúltach

Níor fhill

An Fhoirm Cheisteach

Ar fhill

Indíreach dearfach

Gur fhill

Indíreach diúltach

Nár fhill

Briathra aonsiollacha atá leathan

3. Ól d'ól d'ólamar

BS Óladh

An Fhoirm Dhiúltach

Níor ól

An Fhoirm Cheisteach

Ar ól

Indíreach dearfach

Gur ól

Indíreach diúltach

Nár ól

4. Stop stop stopamar

BS Stopadh

An Fhoirm Dhiúltach

Níor stop

An Fhoirm Cheisteach

Ar stop

Indíreach dearfach

Gur stop

Indíreach diúltach

Nár stop

Briathra aonsiollacha a chríochnaíonn ar -igh

5. Nigh nigh níomar

BS Níodh

An Fhoirm Dhiúltach

Níor nigh

An Fhoirm Cheisteach

Ar nigh

Indíreach dearfach

Gur nigh

Indíreach diúltach

Nár nigh

Briathra déshiollacha sa chéad réimniú

6. Sábháil shábháil shábhálamar

BS Sábháladh

An Fhoirm Dhiúltach

Níor shábháil

An Fhoirm Cheisteach

Ar shábháil

Indíreach dearfach

Gur shábháil

Indíreach diúltach

Nár shábháil

Cleachtaí A

Athraigh na briathra idir na lúibíní, más gá (an aimsir chaite).

An chéad réimniú

1. (Glan) sí a seomra inné.
2. (Ní luigh sinn) ar an talamh mar bhí sé salach.
3. Dúirt Aoife (go leag) sí an bord.
4. (Ceap) Éanna (ní fág) sé a mhála ar an mbus.
5. (An ól) tú tae ní ba luaithe?
6. (Fan sinn) sa halla ag am lóin mar bhí sé fliuch amuigh.
7. (Scread) sí le pian nuair a (tit) sí den chrann.
8. (Éist) mé leis an scéal uilig sula ndúirt mé aon rud.
9. (Cuir) fios ar na Gardaí láithreach. (B Saor)
10. (Fág) an doras ar oscailt agus tháinig an gadaí isteach. (B Saor)

An dara réimniú

Briathra déshiollacha a chríochnaíonn ar –aigh nó –igh

1. Ceannaigh — **ch**eannaigh mé/tú/sé/sí, **ch**eannaíomar, **ch**eannaigh sibh/siad

BS Ceannaíodh

2. Éirigh — **d'**éirigh mé/tú/sé/sí, **d'**éiríomar, **d'**éirigh sibh/siad

BS Éiríodh

Briathra déshiollacha eile sa dara réimniú

3. Imir — d'imir mé/tú/sé/sí, **d'**imríomar, **d'**imir sibh/siad

BS Imríodh

An Fhoirm dhiúltach	**níor**
An Fhoirm cheisteach	**ar**
Indíreach	**gur, nár**

Cleachtaí B

Athraigh na briathra idir na lúibíní, más gá (an aimsir chaite).

1. (Ní inis) mé an scéal dó.
2. (Tosaigh sinn) ag gáire nuair a chonaiceamar an grianghraf.
3. (An imir) sibh go maith sa chluiche inné?
4. Bhí áthas ar Shíle (go freagair) sí an cheist i gceart.
5. (Dúisigh) an leanbh leis an torann. (B Saor)

Briathra neamhrialta san aimsir chaite

1. **Abair**	Dúirt mé	dúramar	**Ní dúirt**	**An, go, nach ndúirt**
BS Dúradh				
2. **Beir**	Rug mé	rugamar	**Níor rug**	**Ar, gur, nár rug**
BS Rugadh				
3. **Bí**	Bhí mé	bhíomar	**Ní raibh**	**An, go, nach raibh**
BS Bhíothas				
4. **Clois**	Chuala mé	chualamar	**Níor chuala**	**Ar, gur, nár chuala**
BS Chualathas				
5. **Déan**	Rinne mé	rinneamar	**Ní dhearna**	**An, go, nach ndearna**
BS Rinneadh				
6. **Faigh**	Fuair mé	fuaireamar	**Ní bhfuair**	**An, go, nach bhfuair**
BS Fuarthas				
7. **Feic**	Chonaic mé	chonaiceamar	**Ní fhaca**	**An, go, nach bhfaca**
BS Chonacthas				
8. **Ith**	D'ith mé	d'itheamar	**Níor ith**	**Ar, gur, nár ith**
BS Itheadh				
9. **Tabhair**	Thug mé	thugamar	**Níor thug**	**Ar, gur, nár thug**
BS Tugadh				
10. **Tar**	Tháinig mé	thángamar	**Níor tháinig**	**Ar, gur, nár tháinig**
BS Thángthas				
11. **Téigh**	Chuaigh mé	chuamar	**Ní dheachaigh**	**An, go, nach ndeachaigh**
BS Chuathas				

Cleachtaí C

Athraigh na briathra idir na lúibíní, más gá (an aimsir chaite).

1. (An bí) tú ar scoil Dé Sathairn seo caite?
2. (Abair sinn) ár bpaidreacha ní ba thúisce.
3. (Ní téigh) Áine ar saoire anuraidh mar (ní bí) a dóthain airgid aici.
4. Cheap Séamas (go feic) sé francach, ach luch mhór a (bí) ann.
5. (Ní déan) mé ceist a cúig, ach (déan) mé uimhir a sé.
6. (Clois sinn) an torann agus (tar) eagla an domhain orainn.
7. (Abair) Naoise (ní faigh) sé airgead dá bhreithlá.
8. (Bí) brón ar Shorcha (ní ith) sí a dinnéar, mar ní ba dhéanaí an lá sin (bí) sí stiúgtha leis an ocras.
9. (Téigh sinn) go dtí an phictiúrlann Dé Sathairn seo caite.
10. (Tabhair) m'aintín bronntanas álainn dom an Nollaig seo caite.

Briathra rialta san aimsir láithreach

An chéad réimniú

Briathra aonsiollacha atá caol

1. **Bris** Brisim briseann brisimid

BS Bristear

An Fhoirm Dhiúltach

Ní bhrisim

An Fhoirm Cheisteach

An mbriseann

Indíreach dearfach

Go mbriseann

Indíreach diúltach

Nach mbriseann

2. **Fill** Fillim filleann fillimid

BS Filltear

An Fhoirm Dhiúltach

Ní fhilleann

An Fhoirm Cheisteach

An bhfilleann

Indíreach dearfach

Go bhfilleann

Indíreach diúltach

Nach bhfilleann

Briathra aonsiollacha atá leathan

3. **Ól** Ólaim ólann ólaimid

BS Óltar

An Fhoirm Dhiúltach

Ní ólann

An Fhoirm Cheisteach

An ólann

Indíreach dearfach

Go n-ólann

Indíreach diúltach

Nach n-ólann

4. **Stop** Stopaim stopann stopaimid

BS Stoptar

An Fhoirm Dhiúltach

Ní stopann

An Fhoirm Cheisteach

An stopann

Indíreach dearfach

Go stopann

Indíreach diúltach

Nach stopann

Briathra aonsiollacha a chríochnaíonn ar –igh

5. **Nigh** Ním níonn nímid

BS Nitear

An Fhoirm Dhiúltach

Ní níonn

An Fhoirm Cheisteach

An níonn

Indíreach dearfach

Go níonn

Indíreach diúltach

Nach níonn

Briathra déshiollacha sa chéad réimniú

6. **Sábháil** Sábhálaim sábhálann sábhálaimid

BS Sábháiltear

An Fhoirm Dhiúltach

Ní shábhálann

An Fhoirm Cheisteach

An sábhálann

Indíreach dearfach

Go sábhálann

Indíreach diúltach

Nach sábhálann

Cleachtaí D

Athraigh na briathra idir na lúibíní, más gá (an aimsir láithreach).

1. (Cuir mé) fios ar mo chara i Sasana gach mí.
2. (Ní glan mé) mo sheomra go rómhinic.
3. (An féach) tú ar an teilifís go minic?
4. (Fan sinn) ar scoil ag am lóin gach lá.
5. (Taispeáin) an múinteoir staire scannán dúinn go minic.
6. (Tit mé) i gcónaí nuair a bhím ag imirt spóirt.
7. Deir Sinéad (go caith) sí deich euro ar a guthán póca gach seachtain.
8. (Ceap) máthair Oisín (ní caith) sé go leor ama ag staidéar.
9. (Dún) an siopa ar a seacht gach tráthnóna. (B Saor)
10. (Bris) na rialacha uaireanta. (B Saor)

An dara réimniú

Briathra déshiollacha a chríochnaíonn ar –aigh nó –igh

1.	**Ceannaigh**	Ceannaím	ceannaíonn	ceannaímid
BS	Ceannaítear			
2.	**Éirigh**	Éirím	éiríonn	éirímid
BS	Éirítear			

Briathra déshiollacha eile sa dara réimniú

3.	**Imir**	Imrím	imríonn	imrímid
BS	Imrítear			

An Fhoirm dhiúltach **Ní** (+séimhiú)

An Fhoirm cheisteach **An** (+urú)

Indíreach **Go, nach** (+urú)

Cleachtaí E

Athraigh na briathra idir na lúibíní, más gá (an aimsir láithreach).

1. (Dúisigh) na páistí go luath gach Satharn.
2. (Tosaigh mé) m'obair bhaile ar a cúig gach tráthnóna.
3. (Léirigh) mothúcháin an fhile go soiléir dúinn i véarsa a trí. (B Saor)
4. (Ní críochnaigh sinn) an obair go dtí a seacht a chlog.
5. Deir Séan (go freagair) sé an fón sa teach i gcónaí.

Briathra neamhrialta san aimsir láithreach

1.	**Abair**	Deirim	deir	deirimid
BS	Deirtear			
2.	**Beir**	Beirim	beireann	beirimid
BS	Beirtear			
3.	**Bí**	Bím	bíonn	bímid
BS	Bítear			
4.	**Clois**	Cloisim	cloiseann	cloisimid
BS	Cloistear			
5.	**Déan**	Déanaim	déanann	déanaimid
BS	Déantar			
6.	**Faigh**	Faighim	faigheann	faighimid
BS	Faightear			
7.	**Feic**	Feicim	feiceann	feicimid
BS	Feictear			

8.	**Ith**	Ithim	itheann	ithimid
BS	Itear			
9.	**Tabhair**	Tugaim	tugann	tugaimid
BS	Tugtar			
10.	**Tar**	Tagaim	tagann	tagaimid
BS	Tagtar			
11.	**Téigh**	Téim	téann	téimid
BS	Téitear			

Cleachtaí F

Athraigh na briathra idir na lúibíní, más gá (an aimsir láithreach).

1. (Ní faigh sinn) obair bhaile nuair a (bí) scrúdú againn.
2. (An clois) tú an torann sin? Tá sé ait!
3. (Déan mé) an dinnéar nuair a (bí) mo mháthair ag obair.
4. (Téigh) siad ag snámh gach Domhnach.
5. (Abair) an file linn sa dara véarsa (go bí) brón air ag fágáil an bhaile.
6. (Bí) Seán ar buile leis féin nuair (ní beir) sé ar an liathróid.
7. (Tabhair mé) bronntanas do mo dheartháir dá bhreithlá ach (ní tabhair) sé bronntanas ar bith dom.
8. (Tar) an príomhoide isteach sa rang ó am go ham chun labhairt linn.
9. (Déan) tagairt don nádúr sa chéad alt. (B Saor)
10. (Feic) é seo go soiléir sa churfá. (B Saor)

> **Cuimhnigh!**
>
> | | |
> |---|---|
> | An Fhoirm dhiúltach | Ní+séimhiú |
> | An Fhoirm cheisteach | An+urú |
> | Indíreach | Go+urú, Nach+urú |
> | NB: eisceacht – ní deir | |

Briathra rialta san aimsir fháistineach

An chéad réimniú

Briathra aonsiollacha atá caol

1.	**Bris**	Brisfidh	brisfimid
BS	Brisfear		
2.	**Fill**	Fillfidh	fillfimid
BS	Fillfear		

Briathra aonsiollacha atá leathan

3. **Ól** Ól<u>faidh</u> ólfaimid

BS Ól<u>far</u>

4. **Stop** Stop<u>faidh</u> stopfaimid

BS Stop<u>far</u>

Briathra aonsiollacha a chríochnaíonn ar –igh

5. **Nigh** N<u>ífidh</u> nífimid

BS N<u>ífear</u>

Briathra déshiollacha sa chéad réimniú

6. **Sábháil** Sábhál<u>faidh</u> sábhálfaimid

BS Sábhál<u>far</u>

An Fhoirm dhiúltach **Ní** (+séimhiú)

An Fhoirm cheisteach **An** (+urú)

Indíreach **Go, nach** (+urú)

Cleachtaí G

Athraigh na briathra idir na lúibíní, más gá (an aimsir fháistineach).

1. (Buail) mé leat anocht ag an halla.
2. (Ní sroich) Áine a teach go dtí a cúig a chlog mar (caith) sí dul isteach sa bhaile mór.
3. (An cuir) tú téacs chugam níos déanaí, le do thoil?
4. (Seol sinn) an ríomhphost sin amárach.
5. Ceapaim (go dún) mé an siopa anois.
6. (Taispeáin) mé mo chóipleabhar duit agus b'fhéidir (go tuig) tú ansin é.
7. Tá brón orm (ní cas) mé leis arís.
8. (Ní rith) mé sa rás an tseachtain seo chugainn.
9. (Taispeáin) an dráma arís an mhí seo chugainn. (B Saor)
10. (Suigh sinn) síos anseo agus feicfimid iad ag teacht.

An dara réimniú

Briathra déshiollacha a chríochnaíonn ar –igh nó –aigh

1. **Ceannaigh** Ceann<u>óidh</u> ceannóimid

BS Ceann<u>ófar</u>

2. **Éirigh** Éir<u>eoidh</u> éireoimid

BS Éir<u>eofar</u>

Briathra déshiollacha eile sa dara réimniú

3. **Imir** Imreoidh imreoimid

BS Imreofar

An Fhoirm dhiúltach **Ní** (+séimhiú)

An Fhoirm cheisteach **An** (+urú)

Indíreach **Go, nach** (+urú)

Cleachtaí H

Athraigh na briathra idir na lúibíní, más gá (an aimsir fháistineach).

1. '(Ceartaigh) mé an aiste anocht,' arsa an múinteoir.
2. (Ní socraigh) sí síos mar tá cumha uirthi.
3. (Inis) mé an scéal duit níos déanaí.
4. Ceapaim (go críochnaigh) mé an obair anocht.
5. (Freagair) an cheist sin níos déanaí. (B Saor)

Briathra neamhrialta san aimsir fháistineach

1.	**Abair**	Déarfaidh	déarfaimid
BS	Déarfar		
2.	**Beir**	Béarfaidh	béarfaimid
BS	Béarfar		
3.	**Bí**	Beidh	beimid
BS	Beifear		
4.	**Clois**	Cloisfidh	cloisfimid
BS	Cloisfear		
5.	**Déan**	Déanfaidh	déanfaimid
BS	Déanfar		
6.	**Faigh**	Gheobhaidh	gheobhaimid
BS	Gheofar		
7.	**Feic**	Feicfidh	feicfimid
BS	Feicfear		
8.	**Ith**	Íosfaidh	íosfaimid
BS	Íosfar		
9.	**Tabhair**	Tabharfaidh	tabharfaimid
BS	Tabharfar		
10.	**Tar**	Tiocfaidh	tiocfaimid
BS	Tiocfar		
11.	**Téigh**	Rachaidh	rachaimid
BS	Rachfar		

Cuimhnigh!

An Fhoirm dhiúltach	Ní+séimhiú
An Fhoirm cheisteach	An+urú
Indíreach	Go+urú, Nach+urú

NB: eisceacht – Ní bhfaighidh

Cleachtaí I

Athraigh na briathra idir na lúibíní, más gá (an aimsir fháistineach).

1. (Feic) mé ag an dioscó anocht thú agus (bí) spórt againn.
2. (Ní téigh) mé amach leat oíche amárach.
3. Tá súil agam go (tar) Saoirse ar scoil amárach.
4. Tá brón orm (ní bí) mé ag an gcluiche níos déanaí.
5. (Abair sinn) le Pádraig (go feic) tú níos déanaí é.
6. (Déan) mé an dinnéar anocht.
7. (Téigh sinn) go Meiriceá ar saoire an bhliain seo chugainn.
8. (Ní faigh) mé obair bhaile an tseachtain seo chugainn mar (bí) scrúduithe agam.
9. (Déan) cinneadh faoi sin amach anseo. (B Saor)
10. (Tabhair) mé níos mó airgid do dhaoine bochta as seo amach.

Briathra rialta sa mhodh coinníollach

An chéad réimniú

Briathra aonsiollacha atá caol

1. **Bris** Bhrisfinn bhrisfeá bhrisfeadh sé/sí
bhrisfimis bhrisfeadh sibh bhrisfidís

BS Bhrisfí

2. **Fill** D'fhillfinn d'fhillfeá d'fhillfeadh sé/sí
d'fhillfimis d'fhillfeadh sibh d'fhillfidís

BS D'fhillfí

Briathra aonsiollacha atá leathan

3. **Ól** D'ólfainn d'ólfá d'ólfadh sé/sí
d'ólfaimis d'ólfadh sibh d'ólfaidís

BS D'ólfaí

4. **Stop** Stopfainn stopfá stopfadh sé/sí
stopfaimis stopfadh sibh stopfaidís

BS Stopfaí

Briathra aonsiollacha a chríochnaíonn ar –igh

5. **Nigh** Nífinn nífeá nífeadh sé/sí
nífimis nífeadh sibh nífidís

BS Nífí

Briathra déshiollacha sa chéad réimniú

6.	**Sábháil**	Shábhálfainn	shábhálfá	shábhálfadh sé/sí
	shábhálfaimis	shábhálfadh sibh	shábhálfaidís	

BS Shábhálfaí

An Fhoirm dhiúltach	**Ní** (+séimhiú)
An Fhoirm cheisteach	**An** (+urú)
Indíreach	**Go, nach** (+urú)

Cleachtaí J

Athraigh na briathra idir na lúibíní, más gá (an modh coinníollach).

1. Dá mbeadh sé fliuch, (cuir mé) cóta orm.
2. (Suigh sinn) síos dá mbeadh am againn.
3. (Glan tú) do sheomra dá mbeadh cuairteoirí ag teacht.
4. (Lig mé) mo scíth mura mbeadh an obair seo le críochnú agam.
5. Dá mbeifeá sa chathair (cuir tú) aithne ar níos mó daoine.
6. Dúirt an cailín (go caith) sí dul go dtí an dochtúir.
7. Ní raibh a fhios acu (go bris siad) an fhuinneog leis an liathróid.
8. (Caith) níos mó airgid ar chúrsaí oideachais dá mbeadh sé ar fáil. (B Saor)
9. (Fág) na cathaoireacha amuigh mura mbeadh sé ag stealladh báistí. (B Saor)
10. (Sábháil mé) airgead dá mbeadh post samhraidh agam.

An dara réimniú

Briathra déshiollacha a chríochnaíonn ar –igh nó –aigh

1.	**Ceannaigh**	Cheann<u>óinn</u>	cheannófá	cheannódh sé/sí
	cheannóimis	cheannódh sibh	cheannóidís	

BS Cheann<u>ófaí</u>

2.	**Éirigh**	D'éir<u>eoinn</u>	d'éireofá	d'éireodh sé/sí
	d'éireoimis	d'éireodh sibh	d'éireoidís	

BS D'éir<u>eofaí</u>

Briathra déshiollacha eile sa dara réimniú

3.	**Imir**	D'im<u>reoinn</u>	d'imreofá	d'imreodh sé/sí
	d'imreoimis	d'imreodh sibh	d'imreoidís	

BS D'im<u>reofaí</u>

An Fhoirm dhiúltach	**Ní** (+séimhiú)
An Fhoirm cheisteach	**An** (+urú)
Indíreach	**Go, nach** (+urú)

Cleachtaí K

Athraigh na briathra idir na lúibíní, más gá (an modh coinníollach).

1. (Tosaigh siad) ag rothaíocht dá mbeadh rothair acu.
2. (Dúisigh) sé ní ba luaithe dá mbeadh aláram aige.
3. (Inis mé) an fhírinne mura mbeadh eagla orm.
4. (Freagair mé) an cheist dá dtabharfá seans dom.
5. (Laghdaigh) líon na dtimpistí ar na bóithre dá mbeadh daoine níos cúramaí ag tiomáint. (B Saor)

Briathra neamhrialta sa mhodh coinníollach

1.	**Abair**	Déarfainn	déarfá	déarfadh sé/sí
	déarfaimis	déarfadh sibh	déarfaidís	
BS	Déarfaí			
2.	**Beir**	Bhéarfainn, srl.		
BS	Bhéarfaí			
3.	**Bí**	Bheinn	bheifeá	bheadh sé/sí
	bheimis	bheadh sibh	bheidís	
BS	Bheifí			
4.	**Clois**	Chloisfinn, srl.		
BS	Chloisfí			
5.	**Déan**	Dhéanfainn, srl.		
BS	Dhéanfaí			
6.	**Faigh**	Gheobhainn gheofá		
	gheobhadh sé/sí	gheobhaimis	gheobhadh sibh	gheobhaidís
BS	Gheofaí			
7.	**Feic**	D'fheicfinn, srl.		
BS	D'fheicfí			
8.	**Ith**	D'íosfainn, srl.		
BS	D'íosfaí			
9.	**Tabhair**	Thabharfainn, srl.		
BS	Thabharfaí			
10.	**Tar**	Thiocfainn, srl.		
BS	Thiocfaí			
11.	**Téigh**	Rachainn	rachfá	rachadh sé/sí
	rachaimis	rachadh sibh	rachaidís	
BS	Rachfaí			

Cuimhnigh!

an/ní/go/nach ...
bhfaighinn/ bhfaighfeá/ bhfaigheadh/
bhfaighimis/ bhfaighidís

An Fhoirm dhiúltach	**Ní+séimhiú**
An Fhoirm cheisteach	**An+urú (*imíonn an h*)**
Indíreach	**Go+urú, Nach+urú**
	Dá agus mura+urú

Cleachtaí L

Athraigh na briathra idir na lúibíní, más gá (an modh coinníollach).

1. (Téigh mé) ar saoire dá (bí) airgead agam.
2. (Abair siad) é sin ar aon nós.
3. (Bí sé) go hiontach dá (faigh sinn) níos mó laethanta saoire.
4. (Ith) sí níos mó dá (bí) ocras uirthi.
5. Thuig na buachaillí (go clois siad) an múinteoir dá (éist siad).
6. Ceapaim (go déan) sé sin difríocht mhór dom.
7. (Déan) an obair dá mbeadh an aimsir níos fearr. (B Saor)
8. (Feic mé) mo chara dá (bí) sí sa teach.
9. (Tar) Fiachra abhaile dá (faigh) sé post in Éirinn.
10. (An tabhair tú) bronntanas do Mháire dá (bí) airgead agat?

An Aidiacht Shealbhach

Focail a thosaíonn le consan

mo theach (*my house*)	**ár d**teach (*our house*)
do theach (*your house*)	**bhur d**teach (*your house*) **plural**
a theach (*his house*)	**a d**teach (*their house*)
a teach (*her house*)	

Focail a thosaíonn le guta

m'athair	**ár n-**athair
d'athair	**bhur n-**athair
a athair	**a n-**athair
a hathair	

Cleachtaí M

Aistrigh na focail seo a leanas

1. my coat	2. your hand	3. his cousin
4. her foot	5. our garage	6. their car
7. his ankle	8. my brother	9. our dog
10. her aunt	11. his uncle	12. our donkey

13. your (**pl**) books
14. your shoes
15. their coats
16. your (**pl**) plates
17. her face
18. your mother
19. her chair
20. our holidays

Comhaireamh

Na huimhreacha pearsanta

duine	aon duine dhéag
beirt	dháréag
triúr	trí dhuine dhéag
ceathrar	ceithre dhuine dhéag
cúigear	cúig dhuine dhéag
seisear	sé dhuine dhéag
seachtar	seacht nduine dhéag
ochtar	ocht nduine dhéag
naonúr	naoi nduine dhéag
deichniúr	fiche duine

Na blianta

bliain amháin	aon bhliain déag
dhá bhliain	dhá bhliain déag
trí bliana	trí bliana déag
ceithre bliana	ceithre bliana déag
cúig bliana	cúig bliana déag
sé bliana	sé bliana déag
seacht mbliana	seacht mbliana déag
ocht mbliana	ocht mbliana déag
naoi mbliana	naoi mbliana déag
deich mbliana	fiche bliain

An Chopail

Úsáidtear an chopail *is* san aimsir láithreach nuair atá ainmfhocal mar phríomhchuid den abairt.

Samplaí

Is cailín álainn mé.

Is fear dathúil tú.

Is dochtúir é.

Is fiaclóir í.

Is dlíodóir é m'athair.

Is cuntasóir í mo mháthair.

Is amadáin sinn. Is altraí sibh.

Is múinteoirí iad.

Is maith liom, is aoibhinn liom, is fearr liom, is fuath liom, is féidir liom, srl.

Úsáidtear ***ní*** mar fhoirm dhiúltach san aimsir láithreach, ***an*** san fhoirm cheisteach agus ***nach*** san fhoirm cheisteach dhiúltach.

Samplaí

Ní cailín álainn mé. Ní fear dathúil tú.

An dochtúir é? An fiaclóir í?

Nach amadáin sinn! Nach altraí sibhse?

Nach múinteoirí iad?

Ní maith liom, ***nach*** maith leat ..., srl.

Úsáidtear ***ba*** san aimsir chaite agus sa mhodh coinníollach agus ***b'*** más guta nó f+guta a leanann é.

Samplaí

Ba chailín álainn í.

B'amadán é.

B'fhile cáiliúil é.

B'aoibhinn liom ...

B'fhearr liom ...

Ba mhaith liom ...

Níor an fhoirm dhiúltach den chopail (ba) agus cuireann sé séimhiú ar an bhfocal ina dhiaidh. ***Níorbh*** an fhoirm a úsáidtear roimh ghuta nó f+guta.

Samplaí

Níor dhochtúir é.

Níor chailín álainn mé.

Níorbh amadáin iad.

Níorbh fhilí cáiliúla iad.

Cleachtaí N

Aistrigh go Gaeilge

1. She is a French teacher.
2. He is an Irish teacher.
3. They are good friends.
4. We are students.
5. My mother is not a good singer.
6. You (plural) are not good students.

7. I prefer chocolate to cheese.
8. I can't swim.
9. She was a waitress.
10. I was a good girl.
11. I preferred English to French when I was in school.
12. Paul wasn't a lazy man.
13. Seán wasn't a famous poet.
14. My mother was a nurse but now she's a teacher.
15. He wasn't an accountant, he was a solicitor.

An Réamhfhocal Simplí agus an Forainm Réamhfhoclach

1. Ar = on (de ghnáth)

ar + séimhiú Bhí eagla ar M**h**áire.

ar an + urú Tá an bainne ar an **m**bord.

orm	ort	air	uirthi	orainn	oraibh	orthu

2. Le = with (de ghnáth)

le + - Bhuail mé le Máire.

leis an + urú Bhuail mé leis an **g**cailín.

liom	leat	leis	léi	linn	libh	leo

3. Ag = at/also possession(de ghnáth)

ag + - Tá a lán airgid ag Máire.

ag an + urú Feicfidh mé ag an **b**pictiúrlann thú.

agam	agat	aige	aici	againn	agaibh	acu

4. Faoi = about/under (de ghnáth)

faoi + séimhiú Chuala mé an scéal faoi M**h**áire.

faoin + urú Chuala mé an scéal faoin **g**cailín.

fúm	fút	faoi	fúithi	fúinn	fúibh	fúthu

5. Do = to (de ghnáth)

do + séimhiú Thug mé airgead do M**h**áire.

don + séimhiú Thug mé mo chóipleabhar don m**h**úinteoir.

dom	duit	dó	di	dúinn	daoibh	dóibh

6. Roimh = before/in front of (de ghnáth)

roimh + séimhiú Chuir mé fáilte roimh M**h**áire.

roimh an + urú Tá eagla orm roimh an **g**cat.

romham	romhat	roimhe	roimpi	romhainn	romhaibh	rompu

7. Ó = from (de ghnáth)

ó + séimhiú	Fuair mé bronntanas ó M**h**áire.
ón + urú	Fuair mé an biachlár ón **bh**freastalaí.

uaim	uait	uaidh	uaithi	uainn	uaibh	uathu

8. As = from/out of (de ghnáth)

as + -	Is as Baile Átha Cliath dom.
as an + urú	Go tobann, léim sé as an **m**bosca.

asam	asat	as	aisti	asainn	asaibh	astu

9. Chuig = to (de ghnáth)

chuig + -	Scríobh mé litir chuig Máire.
chuig an + urú	Ní féidir liom dul chuig an **g**cóisir.

chugam	chugat	chuige	chuici	chugainn	chugaibh	chucu

10. De = from (de ghnáth)

de + séimhiú	Bain an hata de M**h**áire.
den + séimhiú	Thit an cupán den b**h**ord

díom	díot	de	di	dínn	díbh	díobh

11. I = in (de ghnáth)

i + urú	Táim i mo chónaí i **g**Corcaigh.
sa + séimhiú	Cónaím sa c**h**athair.
san roimh ghuta nó f	san fharraige, san árasán.

ionam	ionat	ann	inti	ionainn	ionaibh	iontu

12. Idir = between

idir + -	ar an mbóthar idir Dún na nGall agus Leitir Ceanainn

idir mé	idir tú	idir é	idir í	eadrainn	eadraibh	eatarthu

Cleachtaí O

Ceartaigh na focail idir na lúibíní, más gá.

1. Chuaigh mé go dtí an dioscó in éineacht le (Mairéad).
2. Bhí áthas (ar mé) nuair a chonaic mé mo bhronntanas.
3. Chuir mé fáilte mhór (roimh sí).
4. Buailfidh mé (le tú) níos déanaí.
5. Níl aon obair bhaile (ag sinn).
6. D'inis sí an scéal (don príomhoide)
7. Bhí fearg ar na buachaillí. Bhí troid mhór (idir siad).
8. Chuala mé torann ait faoin (bord).
9. Nuair a shroicheamar an phictiúrlann, bhí na cailíní ag fanacht (le sinn).

10. Tá cónaí ar Aoife i (Tír Chonaill).
11. Chonaic mé Eoghan sa (baile mór).
12. Tógadh an file i (Cóbh) ach b'as (Ciarraí) (do sé).
13. Baineadh geit (as sé).
14. Thit mé ar an (urlár).
15. Shuigh mé ar an (cathaoir).
16. Bainfidh mé mo chóta (de mé) mar níl mé fuar.
17. Fanfaidh mé (le tú sa ollmhargadh).
18. Ní aontaím leis an (foireann) eile in aon chor.
19. Níor chuala mé aon rud faoin (cluiche).
20. Chuaigh mé ó (Port Láirge) go Baile Átha Cliath ar an (bus).

An tAinmfhocal

Bíonn na hainmfhocail sa Ghaeilge firinscneach nó baininscneach.

1. Firinscneach

Má tá ainmfhocal firinscneach, is mar seo a leanas a scríobhtar é sa tuiseal ainmneach, uimhir uatha.

an file, an solas, an t-uisce

De Ghnáth

- Ainmfhocail a chríochnaíonn ar **-án**
  Samplaí arán, amadán, camán
- Ainmfhocail a chríochnaíonn ar **-eoir, -éir, -úir, óir** agus má bhíonn baint acu le **slí bheatha**
  Samplaí múinteoir, siúinéir, dochtúir, fiaclóir
- Ainmfhocail a chríochnaíonn ar **-ín**
  Samplaí cailín, sicín, coinín
- Ainmfhocail a chríochnaíonn ar -**(e)acht** agus gan ach **siolla amháin** iontu
  Samplaí ceacht, smacht, racht
- Ainmfhocail a chríochnaíonn ar **ghuta** (go minic bíonn siad firinscneach)
  Samplaí uisce, file, baile
- Ainmfhocail a chríochnaíonn ar **chonsan leathan**
  Samplaí banc, fear, solas

2. Baininscneach

Má tá ainmfhocal baininscneach, is mar seo a leanas a scríobhtar é sa tuiseal ainmneach uatha.

an p<u>h</u>ictiúrlann, an <u>t</u>sráid, an áit

De Ghnáth

- Ainmfhocail a chríochnaíonn ar -(e)**acht** agus le **níos mó ná siolla amháin** agus ainmfhocail a chríochnaíonn ar -(a)**íocht**

  Samplaí filíocht, samhlaíocht, poblacht

- Ainmfhocail a chríochnaíonn ar **-eog** nó **-óg**

  Samplaí fuinneog, bróg, cearnóg

- Ainmfhocail a chríochnaíonn ar **-lann**

  Samplaí pictiúrlann, leabharlann, amharclann

- Ainmfhocail a chríochnaíonn ar **chonsan caol**

  Samplaí áit, aois, teilifís

An tuiseal ginideach

Níl anseo ach roinnt samplaí a úsáidtear go han-mhinic.

- Bíonn ainmfhocail sa tuiseal ginideach sna cásanna seo a leanas:
- Nuair a bhíonn dhá ainmfhocal le chéile agus gaol eatarthu, bíonn an dara ceann sa tuiseal ginideach.

  Samplaí fear **an phoist**, muintir **na tíre**, trioblóidí **na heaglaise**, cluiche **peile**

- Nuair a bhíonn ainmfhocal díreach tar éis ainm bhriathartha, bíonn sé sa tuiseal ginideach

  Samplaí ag imirt **peile**, ag bailiú **airgid**, ag déanamh **na hoibre**

- Má bhíonn ainmfhocal díreach tar éis an réamhfhocail chomhshuite, bíonn sé sa tuiseal ginideach

  Samplaí i lár **an bhaile**, ar fud **na háite**, os comhair **na teilifíse**, ag tús **an scéil**, i dtús **an lae**, le linn **na ceolchoirme**, srl.

Achoimre ghairid

Má tá ainmfhocal firinscneach, is mar seo a scríobhtar sa tuiseal ainmneach agus sa tuiseal ginideach, uimhir uatha é:

Tuiseal Ainmneach	*Tuiseal Ginideach*
An file	mothúcháin **an fhile**
An baile	i lár **an bhaile**
An solas	ag múchadh **an tsolais**
An <u>t</u>-uisce	dath **an uisce**

Má tá ainmfhocal baininscneach, is mar seo a scríobhtar é sa tuiseal ainmneach agus sa tuiseal ginideach, uimhir uatha é:

Tuiseal Ainmneach	*Tuiseal Ginideach*
An fhuinneog	in aice **na fuinneoige**
An teilifís	os comhair **na teilifíse**
An tsráid	ar thaobh **na sráide**
An áit	ar fud **na háite**

Cleachtaí P

Scríobh na hainmfhocail seo sa tuiseal ainmneach agus ansin sa tuiseal ginideach.

1. pictiúrlann	an ___________,	os comhair __ ___________
2. gruaig	an ___________,	dath __ ___________
3. file	an ___________,	smaointe __ ___________
4. údar	an ___________,	i bhfocail __ ___________
5. tine	an ___________,	in aice __ ___________
6. an scoil	an ___________,	príomhoide __ ___________
7. stoirm	an ___________,	cumhacht __ ___________
8. ceol	an ___________,	binneas __ ___________
9. spórt	an ___________,	tábhacht __ ___________
10. teach	an ___________,	timpeall __ ___________

Freagraí

Cleachtaí A

1. Ghlan
2. Níor luíomar
3. gur leag
4. Cheap … nár fhág
5. Ar ól
6. D'fhanamar
7. Scread … thit
8. D'éist
9. Cuireadh
10. Fágadh

Cleachtaí B

1. Níor inis
2. Thosaíomar
3. Ar imir
4. gur fhreagair
5. Dúisíodh

Cleachtaí C

1. An raibh
2. Dúramar
3. Ní dheachaigh … ní raibh
4. go bhfaca … bhí
5. Ní dhearna … rinne
6. Chualamar … tháinig
7. Dúirt … nach bhfuair
8. Bhí … nár ith … bhí
9. Chuamar
10. Thug

Cleachtaí D

1. Cuirim
2. Ní ghlanaim
3. An bhféachann
4. Fanaimid
5. Taispeánann
6. Titim
7. go gcaitheann
8. Ceapann ... nach gcaitheann
9. Dúntar
10. Bristear

Cleachtaí E

1. Dúisíonn
2. Tosaím
3. Léirítear
4. Ní chríochnaímid
5. go bhfreagraíonn

Cleachtaí F

1. Ní fhaighimid ... bhíonn
2. An gcloiseann
3. Déanaim ... bhíonn
4. Téann
5. Deir ... go mbíonn
6. Bíonn ... nach mbeireann
7. Tugaim ... ní thugann
8. Tagann
9. Déantar
10. Feictear

Cleachtaí G

1. Buailfidh
2. Ní shroichfidh ... caithfidh
3. An gcuirfidh
4. Seolfaimid
5. go ndúnfaidh
6. Taispeánfaidh ... go dtuigfidh
7. nach gcasfaidh
8. Ní rithfidh
9. Taispeánfar
10. Suífimid

Cleachtaí H

1. Ceartóidh
2. Ní shocróidh
3. Inseoidh
4. go gcríochnóidh
5. Freagrófar

Cleachtaí I

1. Feicfidh ... beidh
2. Ní rachaidh
3. go dtiocfaidh
4. nach mbeidh
5. Déarfaimid ... go bhfeicfidh
6. Déanfaidh
7. Rachaimid
8. Ní bhfaighidh ... beidh
9. Déanfar
10. Tabharfaidh

Cleachtaí J

1. chuirfinn
2. Shuífimis
3. Ghlanfá
4. Ligfinn
5. chuirfeá
6. go gcaithfeadh
7. go mbrisfidís
8. Chaithfí
9. D'fhágfaí
10. Shábhálfainn

Cleachtaí K

1. Thosóidís
2. Dhúiseodh
3. D'inseoinn
4. D'fhreagróinn
5. Laghdófaí

Cleachtaí L

1. Rachainn ... dá mbeadh
2. Déarfaidís
3. Bheadh ... dá bhfaighimis
4. D'íosfadh ... dá mbeadh
5. go gcloisfidís ... dá n-éistfidís
6. go ndéanfadh
7. Dhéanfaí
8. D'fheicfinn ... dá mbeadh
9. Thiocfadh ... dá bhfaigheadh
10. An dtabharfá ... dá mbeadh

Cleachtaí M

1. mo chóta
2. do lámh
3. a chol ceathar
4. a cos
5. ár ngaráiste
6. a gcarr
7. a rúitín
8. mo dheartháir
9. ár madra
10. a haintín
11. a uncail
12. ár n-asal
13. bhur leabhair
14. do bhróga
15. a gcótaí
16. bhur bplátaí
17. a haghaidh
18. do mháthair
19. a cathaoir
20. ár laethanta saoire

Cleachtaí N

1. Is múinteoir Fraincise í.
2. Is múinteoir Gaeilge é.
3. Is cairde maithe iad.
4. Is daltaí sinn.
5. Ní amhránaí maith í mo mháthair.
6. Ní daltaí maithe sibh.
7. Is fearr liom seacláid ná cáis.
8. Ní féidir liom snámh.
9. Ba fhreastalaí í.
10. Ba chailín maith mé.
11. B'fhearr liom Béarla ná Fraincis nuair a bhí mé ar scoil.
12. Níorbh fhear leisciúil é Pól.
13. Níorbh fhile cáiliúil é Seán.
14. B'altra í mo mháthair, ach anois is múinteoir í.
15. Níor chuntasóir é, ba dhlíodóir é.

Cleachtaí O

1. le Mairéad
2. orm
3. roimpi
4. leat
5. againn
6. don phríomhoide
7. eatarthu
8. mbord
9. linn
10. i dTír Chonaill
11. bhaile mór
12. gCóbh ... Ciarraí ... dó
13. as
14. urlár
15. gcathaoir
16. díom
17. leat san ollmhargadh
18. bhfoireann
19. gcluiche
20. Phort Láirge ... mbus

Cleachtaí P

1. an phictiúrlann, na pictiúrlainne
2. an ghruaig, na gruaige
3. an file, an fhile
4. an t-údar, an údair
5. an tine, na tine
6. an scoil, na scoile
7. an stoirm, na stoirme
8. an ceol, an cheoil
9. an spórt, an spóirt
10. an teach, an tí

Admhálacha

Ba mhaith leis na foilsitheoirí a mbuíochas a ghabháil leis na heagraíochtaí agus leis na daoine seo a leanas as cead a thabhairt dóibh ábhar atá faoi chóipcheart a atáirgeadh:

'Géibheann' ó *Caitlín Maude: Dánta, Drámaíocht agus Prós*, Coiscéim a d'fhoilsigh;
'Colscaradh' le Pádraig Mac Suibhne, An Sagart, (1992) a d'fhoilsigh;
'A Chlann' le Máire Áine Nic Gearailt. Cóipcheart © Máire Áine Nic Gearailt, Coiscéim a d'fhoilsigh;
'Mo Ghrá-sa (idir lúibíní)' le Nuala Ní Dhomhnaill, athchló le caoinchead ón údar Nuala Ní Dhomhnaill f/ch The Gallery Press, Loch Craobh, An Seanchaisleán, Co na Mí, Éire;
'De Shiúl na gCos go Cathair Santiago', sliocht as *An Bóthar go Santiago* le Micheál de Barra, le caoinchead ó Cois Life;
'Fill Arís' le Seán Ó Ríordáin, 'Colmáin' le Cathal Ó Searcaigh, 'Caoineadh Airt Uí Laoghaire' le hEibhlín Ní Chonaill agus 'An tEarrach Thiar' le Máirtín Ó Direáin, athchló le caoinchead ó Chló Iar-Chonnacht;
'Éiceolaí' le Biddy Jenkinson. Cóipcheart © Biddy Jenkinson, Coiscéim a d'fhoilsigh;
'An Sonas agus an Donas in Salvador', sliocht as *Favela* le Alex Hijams (Cois Life, 2009). Cóipcheart © Alex Hijams, le caoinchead ó Cois Life;
Achoimre agus anailís ar *Seal i Neipeal* le Cathal Ó Searcaigh agus 'Dís' le Siobhán Ní Shúilleabháin, athcló le caoinchead ó Chló Iar-Chonnacht;
'An Gnáthrud' le Déirdre Ní Ghrianna. Cóipcheart © Déirdre Ní Ghrianna, Coiscéim a d'fhoilsigh;
Achoimre agus anailís ar *Hurlamaboc* le hÉilis Ní Dhuibhne, Cois Life, athchló le caoinchead ón údar Éilis Ní Dhuibhne agus Cois Life.

Beidh na foilsitheoirí sásta na socruithe cuí a dhéanamh le haon sealbhóir cóipchirt nach raibh fáil air/uirthi a dhéanann teagmháil leo tar éis fhoilsiú an leabhair.